JLA
図書館実践シリーズ ⋯⋯⋯⋯⋯⋯⋯⋯⋯⋯ 37

図書館利用に障害のある人々へのサービス[上巻]

利用者・資料・サービス編

補訂版

日本図書館協会
障害者サービス委員会 編

日本図書館協会

Library Services for Persons with Special Needs
Volume 1 – Users, Materials and Services
（JLA Monograph Series for Library Practitioners ; 37）

図書館利用に障害のある人々へのサービス ： 上巻 利用者・資料・サービス編 ／ 日本図書館協会障害者サービス委員会編. － 補訂版. － 東京 ： 日本図書館協会, 2021. － 304p ； 19cm. － （JLA図書館実践シリーズ ： 37）. － ISBN978-4-8204-2107-8

t1. トショカン リヨウ ニ ショウガイ ノ アル ヒトビト エノ サービス a1. ニホントショカンキョウカイ
s1. 図書館奉仕 s2. 身体障害者 ① 015.17

まえがき

　公益社団法人日本図書館協会障害者サービス委員会は，1978年の委員会設立から長年にわたり，「図書館利用に障害のある人々へのサービス＝障害者サービス」の普及と推進のための活動を行っています。

　「障害者サービス」の基本のテキストであり，さらには研究成果でもある書籍として『障害者サービス　補訂版』（日本図書館協会　2003　図書館員選書 12）を発行してから相当の年月が過ぎました。この間，障害者サービス用資料の進展をはじめ，著作権法の改正，「障害を理由とする差別の解消の推進に関する法律」（障害者差別解消法）の施行など大きなトピックもあり，内容が現状にそぐわない部分が多数存在することから，委員会では新たな基本書の発行を急務として準備を進めてきました。

　このたび，多くの方々のご協力を得て新しい資料を刊行することができました。また，日本図書館協会の初めての試みとして，印刷資料を利用するのに困難な方々のために，アクセシブルな電子版の同時刊行を行いました。ぜひ，電子版も手にとって，使い勝手を体験していただくとともに，さまざまな利用者に思いを馳せていただけますようお願いいたします。

　現在，基本的な障害者サービス（対面朗読・障害者サービス用資料の提供）を正しく行っている図書館は決して多くはありません。全国的にも格差が大きく，まだまだ十分なサービスは行われていない状況です。障害者サービスそのものへの誤解が

あったり，現場の図書館員から「よくわからない」と言われることもあります。本書をお読みいただくことで「すべての人に図書館サービスを」行うことこそ，図書館員の本来の使命であると改めて感じていただければと思います。

2018 年 7 月 1 日
日本図書館協会障害者サービス委員会

補訂版にあたって

2018 年の初版発行後，新たな法律の制定等，障害者サービスを進めていく上での大きな動きがありました。そこで，最低限の補訂を行うこととしました。

補訂は原著者ではなく，本書の編集担当で行っています。統計数字などは，新たな調査結果が出た場合のように根拠が明確なもののみ修正しています。特に，現状に合わない内容があった場合は，著者に確認をして修正しています。

一方，8〜10 章などの原著者のみが修正できるものについては，原則初版のままになっています。

また，「読書バリアフリー法」と「法や制度の残された課題」を 11 章に追加しています。

2021 年 10 月 1 日
日本図書館協会障害者サービス委員会

目 次

目 次

目 次

目 次

※本書は，アクセシブルな電子書籍である EPUB 版（上下巻合冊）でも出版されます。EPUB 版用に，7 章以降には上巻からの通しページを（　）で付しています。
この本の内容を引用される場合は，上下巻通しページの方をお使いください。

目 次

■下巻（先進事例・制度・法規編）目次■

14

0章 始めよう障害者サービス
すべての人に図書館サービスを

0.1 障害者サービスとは何か,障害者差別解消法との関係

(1) 図書館はすべての人に目を向けているか

　「市民の誰もが使える図書館」というのは,古くからある図書館の基本理念です。しかし,実際は図書館に来ることができる人を中心に考えてきたのではないでしょうか。子どもや高齢者に目を向けたサービスは実施してきましたが,印刷された本が利用できない人・来館が困難な人・障害により図書館職員とのコミュニケーションがとれない人等がたくさんいることを認識してきたでしょうか。

　職員から「障害者からの希望がない」という言葉をよく聞きます。しかし,ほとんどの障害者は,図書館にさまざまな障害者サービス用資料があることを知りません。また,郵送貸出等のサービスがあることも知りません。資料もサービスも知らない人から希望が出されるでしょうか。たとえば視覚障害者は,印刷された本のみが並んでいる図書館は自分には関係のないところ,決して利用できないところと考えるのではないでしょうか。職員は図書館利用に障害のある人を知り,その立場に立って考える必要があります。

(2)　障害者サービスへの誤解

　障害者サービスは，その名称から「障害者」への対象別サービス，特別なサービスだと思われてきました。また，障害者へのサービスとなると，前述したように依頼もないのでどうしても一般市民へのサービスよりも後回しになってしまう，という傾向にありました。

　さらに，恩恵的サービスや福祉サービスと誤解している例もありました。恩恵的とは，困った人がいるので手を貸してあげよう，助けてあげようというものです。そもそも「何々してあげる」というのは対等な人間関係ではありません。図書館のサービスが，このような恩恵的なものであってはなりません。また，障害者サービスは決して福祉サービスではありません。

　障害者サービスは，その歴史的背景や必要性から視覚障害者へのサービスとして始められました。サービスを点字図書館から学ぶことも多く，また実際に録音や点字資料を必要としている利用者が多いことから，視覚障害者へのサービスであると思われてきました。それが，視覚障害者へのサービスなら点字図書館があるので公共図書館では行わずにそちらに任せよう，という誤った認識にもつながっています。

　しかし，図書館のサービスや資料がうまく利用できない人は視覚障害者に限りません。資料も，たとえば録音図書だけを見ても，利用者は視覚障害者とは限りません。肢体不自由の人や寝たきり状態の人，発達障害等活字の資料がうまく利用できない人にとっても，録音図書は有効なのです。

(3) ノーマライゼーション社会の実現とバリアフリー・ユニバーサルデザイン

　今，社会はノーマライゼーションを目指しています。その実現のためバリアフリー・ユニバーサルデザインの手法がとられてきています。ノーマライゼーションとは，障害者や高齢者が社会の中でともに生きていくことです。これだけ聞くと当たり前だと思われるかもしれませんが，従来の日本社会はそのようになっていませんでした。最初から障害者や高齢者が社会の中でともに生きていることが当たり前だと考えていたら，街の形はもう少し違うものになっていたのではないでしょうか。ビルの前にあるたった1段の段差のために，車椅子や足の不自由な人がそのビルに入るのに苦労しています。最初からそのような人たちの利用を想定していれば，段差を作らない入り口を考えられたはずです。

　ところで，ノーマライゼーションを障害者の側から見ると，積極的に社会に参加しようということになります。しかし，その社会こそ障害者が使えるようになっていなければ，結果的に社会に参加することはできません。ノーマライゼーションを社会の側から見ると，障害者が使えるようにしているかどうかということが問われているのです。図書館は社会を構成する重要な施設です。そこが，障害者を含むすべての人が利用できるようになっているかどうかが問題なのです。

(4) 障害者サービスの定義・目的，そこからわかること

　障害者サービスの定義は「図書館利用に障害のある人々へのサービス」です。その目的は「すべての人にすべての図書館サービス・資料を提供すること」にあります。すべての人

が図書館の資料を使えるようにすることです。もっと簡単にいえば、「誰もが使える図書館にする」ことなのです。

　いうまでもありませんが、誰もが使える図書館にするのは図書館、つまりそこにいる職員の当然の仕事です。ボランティアや第三者に依頼して行うものではありません。

　また、障害者サービスはすべての図書館サービスの基礎でもあるといえます。つまり、図書館のあらゆるカウンター・サービスで、さまざまな障害者が利用できるようになっていなくてはならないのです。みなさんの図書館では、車椅子の人が来館して利用できるでしょうか。聴覚障害者は利用できるでしょうか。

　20年も前の全国図書館大会で「障害は障害者にあるのではなく、図書館のサービスにこそある」ということがいわれました。障害は障害者にあるのではなく、誰もが利用できるようになっていない図書館サービスこそが問題だということです。このような考えが以前から提案されていたのにもかかわらず、障害者サービスへの誤解により正しいサービスが進展してこなかったのは大変残念なことです。

(5)　障害者差別解消法の考え方

　2016年4月に施行された「障害を理由とする差別の解消の推進に関する法律」（「障害者差別解消法」）の基本理念は、「不当な差別的取扱いの禁止」と「社会的障壁を除去するための、合理的配慮の提供と、基礎的環境整備」です。特に、その対象をいわゆる心身障害者だけではなく、なんらかの社会的障壁のある人とし、とても広くとらえていることに注目しなくてはなりません。

不当な差別的取扱いの禁止とは，障害を理由に参加を拒否したり，障害者だけに特別な条件をつけたりすることをいいます。これらは民間を含めて社会全体に禁止されているものです。

　社会的障壁とは，障害などを理由に結果的に社会のシステムやサービスなどが利用できない状態になっていることをいいます。たとえば店頭での販売は寝たきりの人・足の不自由な人が利用できません。別に差別しているつもりはなくても，それを利用できない人たちがたくさんいるのです。このような状態を，社会的障壁があるといいます。逆にいうと，現在の社会はすべてなんらかの社会的障壁を内在しているといってもよいかもしれません。

　法はこの社会的障壁を解消するために，「合理的配慮の提供」と「基礎的環境整備」という2つの方法を提示しています。特に，合理的配慮の提供は，それができるのに行わないことを差別であるとし，公的機関には義務化し，民間にも努力義務としています。具体的には，そのサービスを行う人自らが，個別の支援・配慮・工夫・ルールの修正などを行い，何とか利用できるようにすることです。

　「基礎的環境整備」とは，あらかじめすべての人が使えるように施設設備・サービス方法などを整えておくことです。図書館で考えると，施設設備の改善はもちろん，障害者サービス用資料および障害者に配慮した資料の収集・提供，郵送貸出などの窓口以外のサービス提供などが入ります。

(6)　障害者サービスと障害者差別解消法の関係

　障害者差別解消法の理念は，あらゆる場面でなんらかの社

会的障壁がある人に対し，それを行っている人自らが，何とか利用できるように配慮・工夫等をするというものです。社会のあらゆる場面で，行っている人自らが行うというのがポイントです。これは，いわば社会全体に障害者への配慮等を求めているもので，従来の福祉サービスなどの方法とはまったく異なる考え方に立っています。今までの日本社会では，障害者への配慮を「誰が行うのか」という責任の所在があいまいでした。それを，社会を構成しているところ自らが行うべきとしている点に注目してください。

　そして，もうおわかりの方もいらっしゃると思いますが，この障害者差別解消法の考え方は，先に書いた「正しい理念による障害者サービス」とまったく同じものです。つまり，図書館自らが障害者などあらゆる人が利用できるようにしなくてはならないというものです。障害者の権利に関する条約や障害者差別解消法は，私たちの障害者サービスを理論的に裏づける結果となりました。

　図書館には，障害者差別解消法に基づく数多くの先進的な取り組みがあります。多くの図書館で，障害者サービスという，誰もが使える施設であることをすでに実践してきているのです。むしろ図書館には，社会に対し先進事例としてアピールしていく使命があるのかもしれません。

0.2 障害者サービスの歴史　戦前

(1) 公共図書館による「点字文庫」「盲人用閲覧室」の開設
　今日の意味での「障害者サービス」に公共図書館が本格的に取り組み始めるのは，第二次世界大戦後のことです。しか

し，その前史ともいえる実践は，戦前においても行われていました。

　その嚆矢は，1916（大正5）年9月に東京市立本郷図書館が「点字文庫」を開設したことです。東京盲学校（現在の筑波大学附属視覚特別支援学校）の卒業生が，自身の所有する点字図書200冊を本郷図書館に寄託したことがきっかけでした。

　その後，1919（大正8）年には新潟県立図書館，1927（昭和2）年には石川県立図書館，1928（昭和3）年には徳島県立光慶図書館，1929（昭和4）年には鹿児島県立図書館，名古屋市立図書館，長野県立図書館など，大正後期から昭和初期にかけて，「点字文庫」や「盲人用閲覧室」を設けて，視覚障害者にサービスを提供する公共図書館が徐々に広がっていきました。こうした広がりもあって，1933（昭和8）年5月に開かれた第27回全国図書館大会では，「点字図書及盲人閲覧者の取扱」という議題で討議がなされ，今後も公共図書館として点字図書の収集と閲覧にいっそう取り組んでいくことが決議されました。しかし，時あたかも戦争に向かう社会情勢の中で，この決議の内容を実践することは容易ではありませんでした。

（2）　点字図書館をめぐる動き

　公共図書館による「点字文庫」や「盲人用閲覧室」開設よりも前から，点字図書館をめぐる動きが見られました。

　最も古いものとしては，キリスト教宣教医ヘンリー・フォールズが東京・築地病院内に開設した「盲人用図書室」であり，1880（明治13）年のことでした（フォールズの帰国に伴い2年後に閉鎖）。ここで所蔵，提供していたのは点字図書ではなく凸字図書でした。

1900 年代に入ると，盲学校の卒業生を中心に盲人図書館（点字図書館）の設置を求める声が高まりました。たとえば，点字雑誌『むつぼしのひかり』には，盲人図書館の必要性，海外事情，設立方法の提案などを述べた論考が複数掲載されています。

　こうした中で，1909（明治 42）年 1 月に，名古屋盲人会が「盲人図書館」を開館しています。今日まで続く点字図書館としては，1935（昭和 10）年に岩橋武夫によって大阪に「ライトハウス会館」（現在の日本ライトハウス情報文化センター）が建設され（創業は 1922 年），1940（昭和 15）年には本間一夫によって東京に「日本盲人図書館」（現在の日本点字図書館）が創設されています。このほかにも，大正から昭和初期にかけて，点字図書館に相当する施設や事業が小規模ながらも全国に設けられていきました。その数は，1940（昭和 15）年の時点で 20 を数えました。

　ところで，ヘレン・ケラーが 1937（昭和 12）年に来日した際に，レコード形態のトーキングブック（「読本器」と和訳）が中央盲人福祉協会にもたらされました。これを契機として，日本でも読本器の研究・開発が進められ，1938（昭和 13）年 6 月に完成しました。そして，全国の盲学校や点字図書館等に頒布されました。読本器の研究・開発には，点字図書が読めない視覚障害者，特に傷痍失明軍人の援護という側面も含んでいました。

(3)　盲学校とその学校図書館の果たした役割

　1878（明治 11）年に京都に京都盲唖院（現在の京都府立盲学校，京都府立聾学校）が創設され，1880（明治 13）年には東京の楽善

会訓盲院（のちの東京盲学校）が授業を開始しました。それ以降，全国に盲学校が作られていき，点字を読むことのできる視覚障害者が増えていきました。にもかかわらず，地域の読書環境は十分ではなかったため，盲人図書館の設置を求める声が高まることになったのです。

ほとんどの盲学校には，小さいながらも図書室（学校図書館）が設けられていました。戦前期（中でも明治・大正期），点字出版は脆弱であり，盲学校自らが篤志家（ボランティア）の力を借りながら点訳し，点字図書を作っていたのです。それらが授業の教材になるとともに，学校図書館の蔵書にもなっていました。

また，上述したような事情もあり，学校図書館を卒業生にも開放しているケースが多く見られました。たとえば，東京盲学校では，1935（昭和10）年3月に学校図書館単独の独立棟を正門横に竣工しました。2つの閲覧室のほか，書庫，事務室を置く本格的な図書館でした。専従の事務職員（現在の学校司書に相当）も置かれていました。同校では，学校図書館の利用を卒業生をはじめとした地域の視覚障害者にも開放していました。

0.3 障害者サービスの歴史　戦後

(1)　障害者サービスの本格的開始に向けた動き

戦前から公共図書館に設置されていた点字文庫や盲人用閲覧室は，1949（昭和24）年に公布された「身体障害者福祉法」に更生援護施設として「点字図書館」が規定されたことにより，その大半が公共図書館から分離されました。このため，

公共図書館における障害者サービスの進展はその後ほとんどありませんでした。

　新たなきっかけとなったのは，1960 年代末の視覚障害学生や市民による公共図書館開放運動でした。当時は視覚障害者が大学を卒業しても自活できる保障がないとして，盲学校では大学への進学を認めず，支援も行っていませんでした。また，たとえ大学に入学しても大学（図書館）からの支援はなく，「盲人」の読書を一手に引き受けていた点字図書館には専門書はほとんどありませんでした。このため先輩からテキストを譲り受けたり，自力でボランティアを募集したり，有料の点訳者・朗読者に資料製作を依頼するなどしてきましたが，これでは晴眼者と同等の学習情報を得ることは到底できませんでした。

　このような状況の中で，視覚障害学生らは，一般の学生が公共図書館を利用しているのと同様に自分たちにも利用させてほしいとして，東京都立日比谷図書館と国立国会図書館を訪問し門戸の開放を求めました。国立国会図書館には断られましたが，都立日比谷図書館では杉捷夫館長の英断もあり，1969 年秋から同館の事務室の片隅で対面朗読が試験的に開始され，翌 70 年から正式に事業化されました。あわせて録音図書（オープンリール）の製作と貸出も行われるようになりました。公共図書館における新たな障害者サービスは，まさにこのときから始まったといえます。

　また，この都立日比谷図書館開放運動を行った人たちを中心に，「視覚障害者読書権保障協議会」（視読協）が結成されました。1971 年の全国図書館大会（岐阜）では，視読協から「視覚障害者の読書環境整備」を求めるアピールがあり，障害者

サービスの推進が決議されました。これ以降，公共図書館における（視覚）障害者サービスに対する認識が急速に深まり，全国に広がっていきました。

　1974 年 10 月に東京で開催された全国図書館大会では，初めて「身障者への図書館サービス」部会が設けられ，以降毎年の全国図書館大会において，障害者サービス関連の分科会が開催されるようになりました。ここでは視覚障害者サービスだけでなく，他の多くの障害者へのサービスの問題が取り上げられ，障害者サービスの全国的普及に貢献しています。また 1975 年の全国図書館大会（島根）での常置委員会の設置を求める決議を受けて，1978 年には，日本図書館協会内に関東地区と関西地区の 2 つの小委員会からなる「障害者サービス委員会」が設置されています。

(2)　著作権問題の表面化と解決に向けた動き

　視覚障害者へのサービスが本格的に動き出そうとした矢先の 1975 年 1 月，これにブレーキがかかるような問題が新聞で報道されました。それは東京のある区立図書館の視覚障害者に対する録音サービスが，著作権者への許諾を得ていない無断録音であるとして，日本文芸著作権保護同盟からクレームがつけられた，という記事でした。

　著作権問題については，その後 1981 年の全国図書館大会（埼玉）で「著作権問題解決にむけての決議」が採択されています。さらに，聴覚障害者と著作権の問題も明らかになり，1994 年 2 月には日本図書館協会を中心に，視覚障害者・聴覚障害者 4 団体の共催で著作権問題シンポジウムを開催し，「著作権問題の解決を求める決議」を発表しました。しかし，法

改正にまではなかなか至りませんでした。

　そのような中で，法改正とは別の動きとして，著作者が自ら決められたマークを付けることで許諾の意思を示し，障害者等の利用を保障しようとする活動が起こりました。

　一つは，1992年の全国図書館大会（名古屋）を契機に，著作者を中心に「EYE マーク・音声訳推進協議会」を結成し，EYE マークを奥付に付けることで障害者等への資料製作を認めようとするものです。もう一つは，文化庁が中心となり推進したもので今も行われています。「自由利用マーク」を付けることにより，障害者や学校のための自由な資料製作等を認めようとするものです。

　2004年には日本図書館協会と日本文藝家協会の間で協議を重ね「障害者用音訳資料利用ガイドライン」を締結し，図書館の資料製作ができる仕組みを作りました。このガイドラインの特徴は，対象となる利用者を視覚による読書の困難な人にまで拡大したことにあります。これらのマークやガイドラインによる解決方法は，2009年の著作権法改正を大きく後押ししました。

（3）　障害者サービスの拡大に向けた動き

　地域の公共図書館等では専門資料の音声化は困難であるという声に応えて，1975年10月から国立国会図書館において「学術文献録音サービス」が開始されました。また同館では，1982年から『点字図書・録音図書全国総合目録』を刊行し，図書館間の資料の相互貸借を活発化させました。さらに同時期の1981年の全国点字図書館長会議で，公共図書館との「点字・録音・拡大資料の相互貸借に関する申し合せ」が決議さ

れたことで，点字図書館と公共図書館で活発な相互貸借と連携が行われ，サービス拡充につながっていきます。

　一方，1981年の国際障害者年とその後の「国連障害者の10年」，さらに1986年国際図書館連盟（IFLA）東京大会の開催により，障害者サービスにおける国際交流が活発化し，欧米諸国の進んだサービスや，最新の機器類が紹介されました。

(4)　ICTを活用した障害者サービスの発展

　1988年に日本IBM株式会社が社会貢献事業として，パソコン1,000台を点字図書館やボランティアグループに無償提供し，全国に「てんやく広場」というパソコン点訳ネットワークを完成させました。その後もコンピュータや通信技術の急速な発展は，図書館の資料やサービスにも大きな恩恵をもたらしました。2010年には「サピエ図書館」が発足し，全国の資料の検索のみならず，デイジーや点字のデータをストリーミング再生したり，ダウンロードにより利用できるなど，画期的な進展を遂げました。

　また，アクセシブルな電子書籍が登場し，障害者等が購入してそのまま利用できるようになりつつあります。

(5)　障害者職員の雇用とサービスの充実

　1989年9月，全国の公共図書館で働く視覚障害者職員が「公共図書館で働く視覚障害職員の会」（通称・なごや会）を結成しました。障害のある人をサービス対象としてだけでなく，働く仲間として受け入れることは，障害当事者の声を反映させた図書館づくり，質の高い資料の提供等，障害者サービスの充実のためにも必須であるといえます。

(6) 法律や制度の拡充と新たな障害者サービスの始まり

2006年，国連で「障害者の権利に関する条約」が成立しました。そして条約の国内批准に向けての関係法規改正として2009年に著作権法が改正され，図書館の長年の課題であった障害者等に関する問題の多くが解決しました。同法は2018年にも改正されさらに充実したものになっています。

2013年6月には「障害を理由とする差別の解消の推進に関する法律」（「障害者差別解消法」）が公布され，同法が施行された2016年4月以降，公立図書館等の公的機関では，「障害を理由とする差別の禁止」や「合理的配慮の提供」が義務化され，加えて「環境の整備」が努力義務となりました（2021年の同法の改正により，民間事業者にも合理的配慮の提供が義務化されています）。

2019年に成立した「視覚障害者等の読書環境の整備の推進に関する法律」（「読書バリアフリー法」）は，従来の福祉や教育の壁を越えて，また出版社の役割を含め，いわば日本全体で障害者等への情報提供をしようとするものです。同法を受けて国や地方自治体による「視覚障害者等の読書環境の整備の推進に関する基本的な計画」（「読書バリアフリー基本計画」）の作成が進んでいます。また，障害者等のための資料製作だけではなく，アクセシブルな電子書籍の刊行も推進しています。

読書バリアフリー法・障害者差別解消法・著作権法等の整えられてきた法律や制度を活用し，またICT技術の進展とサービスへの応用を具体化することで，図書館の障害者サービスの新たな役割と進展が求められています。

参考文献

　野口武悟・植村八潮編著『図書館のアクセシビリティ：「合理的配慮」の提供へ向けて』樹村房　2016　p. 23-27

　野口武悟「東京における点字図書館の歴史：明治時代から『日本盲人図書館』設立までの時期の検討」『東京社会福祉史研究』創刊号　2007　p. 23-51

　野口武悟「戦前期日本における障害者サービスの展開：障害者自身の図書館サービスをめぐる運動と実践を中心に」『図書館文化史研究』第22号　2005　p. 73-91

1章 | 図書館利用に障害のある人を理解する

1.1 図書館利用の障害とは

(1) 障害のとらえ方，図書館利用の障害

① 障害の定義の変化

　障害者サービスが「図書館利用に障害のある人々へのサービス」であることをすでに述べてきました。図書館利用に障害のある人々の具体例とその理解については，これから各項で述べていきます。ここでは，障害者の新たな定義と，図書館利用の障害とはどういう意味なのかを説明していきます。

　障害者の定義は，世界保健機関（WHO）が1980年に発表した「国際障害分類」（ICIDH）でなされ，そこでは「医学モデル」といわれる障害を障害者の側から定義していました。たとえば視覚障害者はどんな障害で，どんな予防・治療，リハビリテーション，教育が行われて，どのように社会復帰できるかという視点です。聴覚障害者はどう，肢体不自由者はどうというように個々の障害からとらえるものです。今でも障害者とは何かというと，この視点で考えている人も多いのではないでしょうか。

　ところが実際には，たとえば「目が見えないこと」自体が問題なのではなく，「目が見えないと社会で生きていくのに何が困るのか」が本当の問題なのではないかという考えが提

32

起されます。この考え方を「社会モデル」といい，障害を社会の側からとらえる始まりとなります。

その後，2001 年に国際障害分類に代わるものとして「国際生活機能分類」が発表され，障害を定義するには環境因子が重要であるとされました。

環境因子というのは，社会のいろいろなシステムが障害者も使えるようになっているのかということです。たとえば現代の日本では，車椅子利用者が 1 人で鉄道に乗り，行きたいところに行くことができますが，これはエレベーターの設置や駅職員の支援体制の確立などによるものです。しかし，同じ人が道も舗装されていないような国に行った場合は，わずかな距離を移動するのも困難なのではないでしょうか。つまり，障害の程度ではなく，社会の側が障害者が使える状況になっているかが，その人が生きていくための問題なのだということです。

現在では，障害を個々の障害と環境因子の複合としてとらえるようになっています。もちろん，図書館のような社会システムもこの環境因子の重要な要素です。

ところで，障害者の定義というと身体障害者手帳や療育手帳などを持っている人だと考えている人もいるかもしれません。その考えの多くは，医学モデル的発想であり，これからの障害者を理解するには不十分です。障害者手帳は福祉サービスなどを受けるための証明書のようなものであり，障害者を規定するものではありません。また，障害状態にあっても障害者手帳を持っていない人もいますし，そもそも障害者手帳で考えられている「障害」以外の，新たな障害も明らかになってきています。前章で述べた「社会的障壁」は誰にでも

あるものであり，すべての人に関係のある話なのです。実際誰でも，高齢でなんらかの不自由を負うことや，病気や怪我などによる一時的な障害状態になる可能性があります。障害者サービスの利用に障害者手帳の所持を条件としている図書館がありますが，それ自体が正しい障害者サービス，正しい障害者のとらえ方ができていない証ともいえるでしょう。

　障害とは，誰もが利用できるものになっていない「図書館側の障害」なのであって，個々の障害者の問題ではありません。図書館は個々の障害者に適切なサービスを行うために，障害者への理解が必要なのです。

②　図書館利用の障害，図書館における社会的障壁

　そもそも図書館のサービスは誰もが使えるようになっているでしょうか。たとえば，通常の窓口貸出は障害者をなんら区別するものではありませんが，いわゆる寝たきりの人や来館困難者は利用することができません。印刷された本は，視覚障害者やディスレクシアの人はそのままでは利用することができません。このように，図書館のサービスや資料が，実は特定の人だけ利用できない状態に置かれています。図書館側には障害者を区別したり差別したりしている意識はありませんが，結果的に利用できない状態に置かれている人たちがたくさんいるのです。社会のなんらかのシステムやサービスで，障害等を理由に特定の人だけが利用できない状態に置かれていることを「社会的障壁がある」といいます。この社会的障壁をなくしていくことが，社会（図書館）の果たすべきことであり，障害を解消することにつながります。

　では，具体的にどのような図書館利用の障害があるでしょ

うか。

　まずは，来館そのものが困難であったり，本を持ったりページがめくれなかったり等の物理的な障害があります。従来の図書館は来館できる人，せいぜい移動図書館のステーションに来られる人くらいしか対象にしてこなかったのではないでしょうか。本当は，図書館に行きたくても行けない人たちがたくさんいるのです。また，手が不自由であったり寝たきり状態であったりして，本が利用できない人もたくさんいます。車椅子使用者や足の不自由な人は，苦労して図書館まで行ったとしても，今度は書架の本が取れないという障害にぶつかります。

　次に，資料そのものが利用できない状態に置かれている人がいます。印刷された資料は視覚障害者にはそのままでは利用できませんし，聴覚障害者は映像資料をそのままでは十分に利用することができません。高齢になり小さな文字が読めない人や，発達障害等により目で見ても内容がわからない人もたくさんいます。英語には，印刷されたものをそのままでは利用できない人という意味の print disability という概念があります。図書館資料は印刷物だけではありませんので，概念で認識された以上に資料利用に障害のある人がいるのではないでしょうか。

　また，図書館職員とのコミュニケーションに障害のある人がいます。聴覚障害者や難聴の人，高齢で耳が聞こえにくくなってきた人，外国人もコミュニケーションの障害を感じているはずです。点字で図書館と連絡をとりたい視覚障害者も，職員との意思疎通に困難があります。知的障害者なども職員とのコミュニケーションの障害を抱えています。コミュニケ

ーションの問題は実は大きな課題です。利用者とその人が求めている情報を結びつけるのが図書館職員の仕事ですから，その職員と意志疎通ができないのではサービスが始まりません。

　このように，図書館利用になんらかの障害のある人たちはたくさんいて，そのような人たちは，図書館はつまらないところ，行きたくないところ，自分には関係のないところだと思っています。さらに，障害のある人が来館したときに職員が困惑を示すような態度をとってしまうと，それだけで来てほしくないところなのだと感じさせてしまいます。雰囲気や職員の態度だけでも，利用に障害のある施設となってしまうのです。

　まずは，図書館利用に障害のある人にどのような人がいて，その人たちにどのようなサービスや資料を提供するのかを考えていかなくてはなりません。そのためにも，個々の「図書館利用に障害のある人」を理解していきましょう。

(2)　図書館利用に障害のある子ども

　「すべての子どもに読書の喜びを」という目標を実現するには，図書館で座して待っていたのでは，到底利用のかなわない多くの子どもがいることを思い浮かべなくてはなりません。

　図書館に来館することができない子ども，図書館で所蔵する通常の資料では読むことのできない子ども，常時医療的なケアが必要な子ども，日本語を母語としない子ども，矯正施設に入所している子ども等々，図書館側から手を差し伸べなければ図書館や資料を利用できない子どもが大勢います。さ

まざまな障害のある子どもの場合，年齢が小さければ小さいほど行動範囲は狭くなり，さまざまな経験も保護者や学校・施設等に依存する割合が多くなります。ですから図書館としても保護者や学校・施設などへの働きかけを通じて，点字図書・音声デイジー・拡大写本・大活字本・マルチメディアデイジー・手話の本（本の内容を手話で語った動画資料）・布の絵本・触る絵本・LL ブック等々，読むことに障害のある子どものためのさまざまな資料を把握して，それぞれの子どもが利用可能な資料を届ける必要があります。

　文部科学省は，学校において合理的な配慮を提供すべき障害のある子どもの種別に次のようなものを挙げています。「視覚障害，聴覚障害，知的障害，肢体不自由，病弱，言語障害，自閉症・情緒障害など」[1]。

　しかし，一口に○○障害といっても 1 人 1 人の子どもに対応したサービスが提供されなければ利用に結びつきません。たとえば，視覚障害の子どもといっても，弱視児と全盲児の場合では対応が違ってきます。さらに弱視の子どもの場合，残存視力，視野狭窄，夜盲・羞明，眼球振盪，眼圧等々，複合的な症状によって，見やすさ，読みやすさが違ってくるのです。ですから，文字は大きいほど読みやすいというわけではなく，それぞれに合った文字の大きさ・太さ・字間・行間などで資料を提供しなければ，読みやすい資料を届けることができません。聴覚障害の場合でも日本手話を母語としているかどうか，難聴の度合いなどによって，聞きやすさや日本語の理解力が大きく違ってきます。このように，障害のある子どもに資料を提供しようとすれば，その障害についての知識も不可欠となります。

障害のある子どもへの図書館サービスを実施していく上で，考慮すべき点は次のようなことです。

　ア　できる限り直接本人と触れあうこと（重度の子どもの場合には難しいことですが，利用者はあくまでも親やボランティアではなく本人であることを常に意識する必要があります）

　イ　親や教師，保護者などへ積極的に働きかけること

　ウ　「サピエ図書館」などを最大限活用することはもちろん，音訳・点訳・拡大・マルチメディアデイジー化・対面朗読等々，さまざまな資料変換ができる製作者を確保し，あるいは製作依頼が出せる体制を作り，求められた資料を速やかに提供できるようにすること

　エ　図書資料以外にも実物，模型，おもちゃ，音声資料など多様なものを活用すること

　オ　パソコン，タブレット等々最新の機器による資料提供を試みてみること

　カ　図書館内に声を発することができる，また音の出る資料が利用できる部屋を確保すること

　豊かな読書を保障するためには，単に豊富な本や資料を提供するというにとどまらずに，そのための体験や経験の問題までも含めて考えなければならないでしょう。「生活空間の狭さ，生活時間の単調さ，人間関係の狭さ，これら発達環境の総体的貧困は子どもの発達を根本のところで阻害する」[2] といわれるように，子どもの読書の問題，特に障害を持つ子どものことを考えた場合，時間，空間，仲間（親など保護者を含めた）の保障ということが，図書館サービスの中でも考えられなければならないでしょう。そして，その中核に資料があるのです。

1.2 図書館利用に障害のある人1　心身障害者

（1）視覚障害

　視覚障害とは，眼球・視神経・視覚中枢から成る視覚に，病気や傷害または加齢などによってなんらかの障害がもたらされ，見えないあるいは見えにくい状態にあることをいいます。一口に視覚障害といっても，状態，発症時期や環境などによってそれぞれであり，個人に合わせた配慮が必要となります。また，視覚障害は加齢などにより誰にでも起こり得る障害です。障害者手帳の有無にかかわらず，サービスの提供が求められます。

①　統計
　厚生労働省の「平成18年　身体障害児・者実態調査結果」によると，身体障害児・者あわせて348万3000人（推計）のうち，視覚障害児・者は31万人（推計）となります。そのうち60歳以上の人が70％以上を占めています。また，成人してから視覚障害を患ったいわゆる中途視覚障害者が，50％以上を占めているといわれています。

②　分類
　視覚障害は大きく盲と弱視・ロービジョンに分けられます。
　Ｉ　盲
　盲は見えない状態をいいます。両眼の視力の和が0.01以下で，眼の前に出した指の数が数えられる指数弁，検査者が被験者の眼の前で動かす手の動きがわかる手動弁，光を感じられる光覚（明暗）弁，光も感じない全盲まで4段階に分かれ

ます。

　Ⅱ　弱視・ロービジョン

　弱視・ロービジョンは，見えにくい状態をいいます。日本
眼科学会によると，弱視には「視力の発達の感受性期に適切
な刺激を受け取ることができなかったために生じた弱視で，
眼鏡をかけたり訓練をしたりすることで視力が良くなる可能
性がある」医学的弱視と，「あらゆる種類の目の病気によって
生じた回復困難な視力障害」である社会的弱視の２つがあり，
後者をロービジョンともいうとしています。世界保健機関
（WHO）では，矯正視力が 0.05 以上 0.3 未満をロービジョン
と定義していますが，多くは視力以外の視機能にも障害を持
っています。

　主な視機能には，視力，視野，光覚などがあります。以下
にその症状などを記しますが，同じ人でもその日の天気や本
人の体調などによって見え方が変わる場合があります。

　ア　視力　ものを見分ける能力のことをいいます。通常は
　　　視力検査表を用いて測定します。
　イ　視野　視線を１点に集中させて，見ることのできる範
　　　囲のことをいいます。疾患によって，見える範囲がまわ
　　　りから狭くなる視野狭窄（写真）が起こったり，中心部分
　　　が見えなくなっている中心暗点が生じたりします。視野
　　　狭窄は，まわりの様子を広く見ることができないので，
　　　特に歩行に困難が出ます。中心暗点は，中心が見えない
　　　ので特に読んだり書いたりするのが困難です。
　ウ　光覚　光の強弱を区別する能力で，疾患によって，暗
　　　いところでよく見えない夜盲や，明るい場所でまぶしく
　　　てよく見えない羞明が起こるものがあります。夜盲の場

写真　視野狭窄のシミュレーション

『源氏物語』の一節（上）と同じ個所を「シミュレーショントライアル」
を用いて疑似的に視野狭窄 7.5 度を体験したもの（下）

合は，手元を明るくするライトを用意し，差明の場合は，
特殊なサングラスをかけたり，室内でもカーテンやブラ
インド，照明を調整することなどで，対応します。

③　生活

　人は情報の 80％を目から得ているといわれています。そのため視覚障害は，情報障害とも呼ばれています。ここでは一例として文字と歩行を取り上げます。

Ⅰ　文字

ア　点字　盲の人の使用文字は点字と思われがちですが，点字は指で読み取る文字であるため，指先の感覚がある程度鋭くないと，使いこなすことがかなり難しくなります。そのため，生活習慣病や事故などで発症した中途視覚障害者は，発症の時期や環境などによって盲でも点字が使えない人が多くいます。

イ　墨字（活字）　ロービジョンの人たちの多くは墨字を使いますが，文字の大きさやフォントなど読みやすさはそれぞれです。通常は白地に黒い文字ですが，白黒反転したほうが読みやすい人もいます。個人に合ったものを用意できない場合は，拡大読書器やルーペなどを使って読むことになります。ちなみに，現在販売されている大活字本の多くは，文字の大きさが 14 あるいは 22 ポイント，フォントはゴシック体を用いて作成されています。

ウ　音声　盲・ロービジョンともに，音声で情報を得ている人が多くいます。テープ・デイジーなど録音物で読書をしたり，パソコンを使う場合も，音声環境を整え耳でも聴きながら操作をし，ページを読みます。

Ⅱ　歩行

　道路交通法には「目が見えない者（目が見えない者に準ずる者を含む。以下同じ。）は，道路を通行するときは，政令で定めるつえを携え，又は政令で定める盲導犬を連れていなければ

ならない」とあるので，視覚障害者は必ず白杖や盲導犬とともに歩いている，と思われがちですが，ロービジョンで歩行に不安のない人は持たないこともあります。そのため，白杖等の有無で視覚障害の有無を見極めることはできません。また視覚障害者は，一歩外に出れば聴覚や触覚などを常に働かせ，まわりの障害物などにも絶えず気を配らねばならず，精神的なストレスにさらされて生活しています。利用者を見かけたらひと声かけたのち，求められたら手引き（誘導）をしましょう。そのときも無理やり手を引っ張るようなことはせず，本人の望む形で手引きをします。ロービジョンの場合は，コントラストによって階段の段差に気がつかなかったり，点字ブロックが見えにくかったりすることがあるので，設備の工夫も必要です。なお，身体障害者補助犬法では，盲導犬（補助犬）は特別な場合を除き，「国，地方公共団体，公共交通事業者，不特定多数の者が利用する施設の管理者等は，その管理する施設等を身体障害者が利用する場合，身体障害者補助犬の同伴を拒んではならない」と定められています。

④　その他の留意点

　登録に必要な書類などの代筆や手引きを頼まれることもあります。当たり前のことですが，「やってあげる」といった態度ではなく，人格を尊重し，1人の利用者として対応します。また，晴眼者とともに来館した利用者に対して，本人がいるにもかかわらず，同行の晴眼者に向けて話したり説明をしたりする人がいますが，これも気をつけたいものです。

(2)　聴覚障害

　聴覚障害という「障害」は，視覚障害や肢体不自由と異なり，一見しただけではわかりにくいものです。それどころか，「目は見えるのだから文字資料は読めるはず」と思い込まれてきました。しかし実際には，資料利用に至るまでにさまざまな障壁が存在しています。

　聴覚障害に伴う社会的不利（handicap）とは，聞こえない，または聞こえにくいため音声によるコミュニケーションが困難になり，日常生活において支障が生じることです。図書館では，たとえばカウンターでの職員とのやりとりが難しいとか，電話が使えないといった形で生じます。しかしこれらは，利用の際の障壁のごく一部です。それでは，まず「利用者を知る」ために，聴覚障害そのものについて説明します。

　耳という聴覚器官——詳しくは，耳介から大脳の聴覚中枢に至る部分——が，なんらかの理由で損傷して聴力損失を生じ，その結果，音声によるコミュニケーションが困難となる。これが聴覚障害の基本です。ただし，それを有する各個人の状況は，失聴時期や聴力損失の程度により多様です。すなわち個人差が大きいのです。その個人差を前提として，通常，聴覚障害者を以下のような3つのグループに区分しています。

　ア　難聴者　　　補聴器等で音声による会話ができる人。
　イ　中途失聴者　音声言語を獲得してから失聴した人。補聴器は役立たないことが多い。また，人工内耳を装用しても失聴以前に完全回復することはない。
　ウ　ろう（聾）者　音声言語獲得以前に失聴し，主要なコミュニケーション方法を手話言語としている人。

　統計的には，聴覚障害者の大部分は，難聴者・中途失聴者

であり，人口全体の高齢化に伴い，加齢性難聴が増えるので，漸増傾向にあります。高齢者向けサービスとの連携も必要となるでしょう。

　難聴者や中途失聴者はまさに目が見えるのだから文字資料は読めるので，カウンターからはわからなくても，すでに図書館利用者として出入りしているかもしれません。だからといって，何もしなくてもよいことにはなりません。耳栓をして館内外を歩いてみるなどの疑似体験を試み，想像力を働かせてください。耳栓で音を遮断して歩き回るとき，何か不安を感じないでしょうか。それが，特に難聴者・中途失聴者の抱える心理的障壁です。

　ろう者の場合，音声言語を耳から自然に獲得することができないので，聾学校（聴覚特別支援学校等に改称されている学校が多くなっている）や家庭で一語一語学習しなければなりません。すなわち，聞こえる人にとっては母語となる音声言語を，外国語と同様に努力して学ばないと身につけることができません。そのため，読み書きの苦手な人もいます。聴覚障害によって音声言語獲得に障害が生じているので，聴覚言語障害者，つまりろうあ（聾唖）者と称されることもあります。読み書きに障害があるということが，文字資料の多い図書館利用にあたっての障壁となっています。図書館がろう者にも開かれるためには，字幕・手話付き映像資料など文字以外の視覚に訴える資料，あるいは文字はあってもそれが脇役にとどまっている資料や漫画の収集が必要です。外国人向けの日本語資料が役立つこともあります。字幕・手話付き映像資料は市販されているものは少ないので，別項で述べられる聴覚障害者情報提供施設との連携が必要となるでしょう。

それでは，聴覚障害者と円滑にコミュニケーションを行う
ために何が必要かを説明します。聴覚障害者が有するコミュ
ニケーション手段には補聴器，口話，筆談，手話があります。
　まず，音声にかかわる手段として補聴器があります。最近
小型化が著しく，耳掛型から耳穴挿入型が普及し，慣れてい
ないと外見上の判別は困難です。さらに，この補聴器での聞
こえを支援する補助装置として磁気誘導ループ（ヒアリング
ループ）があります（これについては別項で説明します）。人工内
耳装用者についても，補聴器使用者に準じて考えてください。
こういう人たちに応対するときは，はっきりした声で話をし
てください。大声は必要ありません。補聴器で音を拡大して
いるところへ大声で話しかけられると不快音となり，かえっ
て聞こえにくくなります。また，騒がしいところでは聞こえ
にくいことも多いので，できればまわりが静かな状態で応対
できればよいでしょう。
　口話は，口の形で話している言葉を読み取る方法です。こ
の場合は，一対一で，口の形が見える位置で応対し，同時に
複数で話しかけたり，口を隠したりしないでください。ただ
し口話に慣れていても，それだけで内容をすべて理解するの
は困難なので，数字や固有名詞などは，筆談等も併用すると
正確に伝わります。
　ついで，文字による手段，すなわち筆談があります。主に
中途失聴者向けのものです。これは読み書きができることが
前提となります。ただし書けば通じるとは限りません。特に
ろう者の場合，読み書きの苦手な人も多く，文章がわからな
くてもわかったふりをする人もいるので注意してください。
筆談については，「3.2　カウンター・館内での配慮」も参照

してください。

　それでは，ろう者の日常言語である手話言語の留意点について述べましょう。

　手話は身振り・ジェスチャーとは異なり，音声言語とも異なる独自の文法を持つ，視覚に訴える言語です。主にろう者の使う日本手話と，音声言語を獲得している中途失聴者や難聴者が使うことが多い日本語対応手話，その中間型の手話があります。

　日本手話は音声言語とは語順が異なる場合もあり，手だけでなく顔や視線，体の向きなど，上半身全体の動きも文法的意味を持ちます。日本語の単語をそのまま手話に置き換えても通じるわけではありません。

　日本語対応手話は，手話の単語を日本語と同じような順で表します。筆談でスムーズに会話ができるような中途失聴者や難聴者であっても，手話がわかる聴覚障害者ならば，手話も使ったほうが会話をしやすくなります。筆談も有効ですが，パソコンの検索画面と資料と筆談のメモのすべてを，会話のタイミングに合わせて見るのは大変です。

　聞こえる人が手話に熟達するためには，外国語の学習と同様の努力が必要です。しかし，初歩的な日常会話程度の手話を習得することは，それほど難しくはありません。

　筆談や補聴器を使う聴覚障害者でも，表情や口の形が見えた方が話を理解しやすくなります。ところが，感染症などが流行しているときには感染防止のためマスクをつけることがあります。そうなると，口話は読めませんし，表情も見えにくく，声もこもるため話す内容がわかりづらくなります。身振り，筆談，手話などを使っても伝わりにくい場合は，マス

クを外して話してください。大声で話す必要はありません。利用者によっては声を出さずに口の形だけでわかる人もいます。なお，マスクを外す場合は透明パネル越しに話す，透明マスクを使用するなど感染防止に注意をしてください。

聴覚障害者でなくても，マスクやパネル越しでは聞こえにくいことがあります。聞こえにくそうにしている人には，数字を指で表したり，聞きづらい単語は書いて確認するなどの工夫をしてください。

聴覚障害者が，どのような聞こえの障害か，どの程度読み書きができるのかは人により異なりますし，見た目ではわかりません。聴覚障害者に対応する時には，個々に合ったコミュニケーション方法や資料，サービスを提供しましょう。

（3）　言語障害

さまざまな病気や障害により，耳が聞こえていても，話しにくい，声を出すことができない人がいます。たとえば，のどや口などが麻痺などで動かせない人，病気で喉頭を摘出した人，吃音（どもること）で話しにくい人，失語症の人などです。

のどや口の周囲の麻痺などのため，その部分を自分が動かしたいように動かせない人は，発声が難しくなります。この障害がある人の中には，携帯用会話補助装置を使用している人がいます。携帯用会話補助装置は，ボード上に五十音や自分がよく使う単語のボタンがついている機器で，話したい言葉を選ぶと音声で読み上げるものです。

喉頭を摘出すると声が出なくなります。この場合，コミュニケーション方法は筆談のほか，人工喉頭という短い棒状の

48

機器をのどにあてることによって，声を出す人もいます。また，食道発声法という方法で声を出す人もいます。どちらの発声も，やや独特の音声になります。

　吃音は，思うように言葉が出てこない，出しにくい音がある状態です。会話では急かさずに話をしましょう。決して「落ち着いて」「深呼吸して」など，話し方のアドバイスをしてはいけません。

　これらの人々は，耳から聞いた言葉は理解できるので，文字を書くのに支障がない人は，筆談などの用意があるとよいでしょう。

　失語症の場合も耳は聞こえますが，会話が困難となります。失語症と一口にいっても人により状態はさまざまで，相手の話すことはわかるけれど自分の話したいことは言葉として出てこなかったり，自分が話したい言葉が違う言葉になってしまったり，さらに相手が話している言葉が理解できない人もいます。そのため，筆談は会話の補助として使うことは有効ですが，筆談ですらすらと会話をすることは困難です。また，失語症は高次脳機能障害という，病気や事故で脳を損傷したために起こる障害の症状の1つとして起こります。高次脳機能障害は，失語症のほかに，疲れやすい，気が散りやすい，少し前のことを忘れてしまう，目は見えるけれど左側を見落としやすい，感情のコントロールがうまくできない，などさまざまな症状が合わさっている場合があります。図書館職員は，気持ちに余裕を持って，利用者を焦らせたりしないように対応してください。

　失語症がある人へ話しかけるときは，回りくどい言い方は避けて，短い言葉や文章など単純でわかりやすい言葉を選ん

でください。質問はなるべく，はい，いいえ，で答えられる
ようにするとよいでしょう。早口にならないよう，自然な口
調でややゆっくり話してください。数人で話しかけたりせず
に，なるべく一対一で会話をしましょう。

　以上，聞こえていても話しにくい病気や障害について，よ
くあるものを挙げましたが，ほかにもさまざまな要因で音声
による会話が難しい人がいます。

　これらの人々全体に共通していることは，話を急がせずに
十分に時間をとるということです。コミュニケーション方法
は何か1つにこだわらず，話す，書く，ジェスチャー，指さし，
静かな部屋で話す等々，利用者の状態と，その場の状況に合
わせた方法をとってください。もし，利用者のいうことがわ
からなかった場合は，わかったふりをせず内容を確認してく
ださい。そして何より職員は，利用者が話したいことをわか
ろうという姿勢で接することが大切です。

(4)　肢体不自由

　肢体不自由は，身体の運動機能をつかさどる脳や神経，骨，
筋肉になんらかの障害が起こることで生じる運動機能障害で
す。肢体不自由は身体障害者手帳において，以下の3つの機
能の障害に分けられています。

　ア　上肢障害　手や指，肘，腕，肩などの上肢機能の障害
　　　です。上肢を使っての作業能力が不十分なため，文字を
　　　書いたり，本のページを送ったり，抑えたり，棚から本
　　　をとったり，戻したりなどに不自由が生じます。

　イ　下肢障害　足や足首，膝，太もも，股関節などの下肢
　　　の機能の障害です。歩行能力が十分でないため，段差や

溝を越えたり，階段の上り下り，歩くこと自体が困難なことから移動全般に不自由が生じます。

　ウ　体幹障害　首や背中，腰などの胴体そのものの機能の障害です。体を起こしたり，ねじったり頭を動かしたりなどの動作のほか，姿勢を維持する能力が不十分なため，体を支えることができず，運動機能全体に不自由が生じます。また多くの場合，四肢（上肢・下肢）にもなんらかの障害を重複します。

　これらの運動機能の一部，ないしは全部が失われることによって，社会生活上さまざまな不自由が生じてくるのが肢体不自由です。

　肢体不自由の人はそれら失われた機能を杖や車椅子，義手，義足，装具などの補助具によって補っています。しかし機能が補われているとはいっても，一定の条件下において不自由が解消されているにすぎません。杖で歩くことができても，溝や段差を越えたり，階段の上り下りには危険が伴います。そうでなくてもバランスを崩して転びやすかったりします。車椅子で自走ができても，溝や段差などを越えることは困難です。また，通路は車椅子が通り抜けできるだけの十分な幅が必要です。さらに，車椅子に座っているため高いところへは手が届きません。そして，車椅子移動であれ，杖歩行であれ，長時間の移動は体力を消耗するため限界があります。ましてや，重たい荷物を持っての移動は不可能です。

　とかく肢体不自由は「見える障害」といわれますが，個々人のすべての障害が必ずしも常に見えるものではありません。脳卒中の後遺症がある人の場合，手や足の麻痺のほかに言語障害，高次脳機能障害を伴っていることがあります。交通事

故などで脊髄を損傷した人は肢体不自由だけでなく，体温調節機能などにも障害があります。したがって，室内の温度を調節するなどの配慮が必要になります。脳性麻痺の人の場合，知的障害を伴っていることもあります。見える障害だけでなく，その人が併せ持つ障害にも目を配る必要があります。

　他方，難病の場合，一見健常者のように見えても，一部の動作に障害がある人がいます。握力が弱い，指や手首の動きが鈍い，物を取ろうとすると腕が震えてしまう（企図振戦），筋力低下のため重いものが持てない，長い距離が歩けない，そのときの体調によってできるときとできないときの波があるなどです。これらは身体障害者手帳の交付の対象となりにくく，難病の人が制度の谷間に置かれてきたゆえんです。

　その他にも，病気や怪我によって障害の状態にある人は多々います。それらの人たちの図書館利用を助けるためにも，社会をあげての施設や設備のバリアフリー化，交通インフラなどの環境の整備が必須です。そして，困っている人を見かけたら声かけをする，求めに応じて柔軟に対応することが重要です。

(5)　内部障害

　内部障害は心臓や腎臓，肺臓などの内臓機能の障害で，「見えない障害」です。そのため，内部障害者は外見上周囲から理解されにくいという悩みに加え，障害が直接生命維持にかかわることから不安を抱えて生活しています。現在，以下の7つの障害が身体障害者手帳の交付の対象になっています。

　ア　心臓機能障害　体へ血液を循環させる機能の障害です。
　　ペースメーカーを体内に埋め込んでいる人がいます。

イ　腎臓機能障害　血液中の老廃物を除去・排泄するなどの機能の障害です。透析治療を受けている人がいます。また，腎性網膜症，糖尿性網膜症で視覚にも障害のある人がいます。

ウ　呼吸器機能障害　肺の酸素と二酸化炭素との代謝機能の障害です。在宅酸素療法を受けている人がいます。

エ　膀胱・直腸機能障害　尿や便を貯め排泄する機能の障害です。そのため，腹部にストーマ（人工膀胱・肛門）を増設している人（オストメイト）がいます。

オ　小腸機能障害　栄養の消化・吸収機能の障害です。口からの摂取だけでは栄養の維持が困難なため，医療機器を使って直接消化管や静脈へ栄養を流して補っている人がいます。

カ　ヒト免疫不全ウイルス（HIV）による免疫機能障害　HIV感染により免疫力が低下する障害です。免疫力が低下するとAIDS（後天性免疫不全症候群）を発症します。AIDSによって視覚や言語，肢体，その他に障害を重複する人がいます。

キ　肝臓機能障害　肝臓が担う胆汁の生成，解毒，栄養素の蓄積などの機能の障害です。肝機能が低下すると，倦怠感や黄疸，意識障害を起こしたり，吐血することもあります。

内部障害者は臓器に障害があるため，総じて体力が十分でありません。そのため長い距離を歩いたり，階段を上り下りしたり，重いものを持ったりなどに限界があります。特に心臓機能障害者と呼吸器障害者は体に負荷がかかると，息切れ，動悸を起こします。また，在宅酸素療法の人は外出時ボンベ

をキャリーに乗せて酸素を吸いながら移動します。それゆえバリアフリー化されていないところを歩くのは困難です。

　このように，内部障害者にも肢体不自由と同様の不自由があります。その他に個々の障害特有の不自由を抱えています。ペースメーカーなどの医療機器は，携帯電話の電波の影響を避けなくてはなりません。透析治療には長時間の拘束が伴います。オストメイトの利用に適したトイレは限られています。さらに排泄にかかわることなので恥ずかしさがあります。HIV は通常の生活で他人にうつることはありませんが，いまだ理解不足のため差別の対象になっています。

　図書館では以上に対応した配慮が必要です。館内の携帯電話の利用制限，同性によるお手伝い，嘔吐物の処理・傷口の処置は使い捨ての手袋を着用して行う（誰のものであっても体液や血液には直接触らない），手帳の確認はプライバシーの保護に配慮する，原因疾患や感染経路など余計な詮索はしない，個人情報の厳重管理などです。

　また，内部障害者は体の抵抗力が弱いため，免疫力が低下しています。したがって感染予防が大切です。免疫力の低下はその他の場合でも起こります。抗がん剤治療では骨髄の造血機能が抑制されるため，免疫力が落ちます。臓器移植後は拒絶反応を抑えるため，長期に免疫抑制剤を服薬します。その間は人混みに入ることを避けなくてはなりません。外出を制限されており，移動の障害を負っているといえます。この人たちも，図書の宅配・郵送サービスの対象になり得るでしょう。

（6） 発達障害（学習障害，ディスレクシア等）

　1999 年 の 文 部 省 の 定 義 で は，学 習 障 害（LD：Learning Disabilities）とは「全般的な知的発達に遅れはないが，聞く，話す，読む，書く，計算するまたは推論する能力のうち特定のものの習得と使用に著しい困難を示すさまざまな状態」であり，主に学齢期に顕在化するとされます。原因として「中枢神経系の何らかの機能障害」が推定されています。この定義では「障害」それ自体の特定よりも，教育支援の方策を判断することが主目的であるとされます。さらに 2005 年施行の「発達障害者支援法」では，自閉症，アスペルガー症候群，広汎性発達障害，注意欠陥・多動性障害（ADHD）などとともに「発達障害」として一括され，教育・就労など社会参加のための公式な支援の根拠となる，いわば「行政用語」として再定義されました。

　学習障害の中には，視力（視覚）は正常であるのに，文字を読むこと（文字としての認知）に特異的な困難を示すタイプがあり，ディスレクシア（Dyslexia）と呼ばれます。この人たちは文字が「まったく読めない」のではなく，「流ちょうに読む」ことが難しく，文章の意味理解や内容把握などに困難があるといわれます。まだ確定した日本語訳はなく，「読字障害」「読み障害」とか，書字の困難も併せ持つことから「読み書き障害」などと呼ばれます。2012 年文部科学省による全国調査では，「読むまたは書くに著しい困難を示す児童生徒」が小・中学校の通常学級に，2.4％程度在籍すると推定されています。つまり，ディスレクシアの人は学齢期だけでも，少なくとも数十万人規模で存在することになります。

　このようなディスレクシアの人への情報保障の方策の 1 つ

として，デイジーなどの録音図書が有効であることが確認されており，たとえば米国の Learning Ally（2011 年 RFB&D から改称）での最大の利用者は，ディスレクシアの人たちだそうです。日本でも最近になって，マルチメディアデイジー版の教科書・教材や図書などの普及が進んでいます。これは 2008 年「障害のある児童及び生徒のための教科用特定図書等の普及の促進等に関する法律」（「教科書バリアフリー法」）施行や，2010 年改正著作権法施行が契機となったもので，今後の ICT（情報通信技術）の進展やタブレットの普及などで，さらなる利用者の増加が見込まれます。また，ディスレクシアの人の困難は特に学校教育の場面で顕在化することから，公共図書館だけでなく学校図書館での取り組みにも期待が寄せられています。

　図書館施設や資料への物理的アクセスに関しては，ディスレクシアの人への配慮の必要度はあまり大きくありません。それよりも，文字ベースでの各種手続きや利用案内，図書館資料の検索や，やはり図書館資料（印刷物ベースの）自体へのアクセス確保のための配慮が必要です。

　具体的配慮にあたっては，利用者個々の困難の程度や特性に応じた個別の対応が必要なのはいうまでもありません。リーディングトラッカー（スリット型・定規型・拡大レンズ併用型など）や透明色付きシート（紙面と文字のコントラストを弱める）が有効な場合や，拡大コピーや拡大鏡・拡大読書器が有効な場合，デイジーなどの録音図書が有効な場合など千差万別です。

　中には一定程度の ICT スキルを持ち，自力で図書館資料からテキストデータを取得し，音声読み上げソフトを活用する

ことで読書可能な利用者もいますので，このような場合にも
対応可能な条件整備や適切な支援が必要となります。

（7）　精神障害

　精神障害は，なんらかの原因で心に生じた変調が情動や身
体，行動の変化となって現れる障害です。ICD-10 版（国際疾
病分類）「精神および行動の障害」には多様な障害が含まれて
います。ここでは，代表的な統合失調症と，脳の器質的変化
によって起こる高次脳機能障害について記します。

①　統合失調症

　統合失調症は幻聴と幻覚，妄想が特徴的な精神障害です。
人口の 0.7％が生涯のうちに罹患するともいわれています。
発症すると，実際には存在しないものが見えたり聞こえたり
して，笑いを浮かべたり，独り言をささやいたり，妄想に捕
らわれて判断力が損なわれたりします。そのようなことから
対人関係や社会生活が妨げられ，孤立感を深めていきます。
そして，意思疎通や行動，意欲，感情，病識にも障害が生じ
ます。そのため，受付の前で周囲の様子をうかがうようにた
たずんだり，何かにおびえるような振る舞いをすることがあ
ります。また，利用のルール・マナーが守れなかったり，閲
覧室で他の利用者とトラブルになったりすることもあります。
しかし，治療によって症状が落ち着いていれば，なんら他の
利用者と変わりません。そのような人が来館しても，他の利
用者と同じように応対することが原則です。
　受付などで戸惑っていたり，書類の記入で困っていたら，
声かけをして必要な援助をしてください。説明はわかりやす

い言葉でゆっくり丁寧に行います。「○○を着た人に付けられている」といった訴えを繰り返しても，その都度真摯に対応し，実際にそのような人がいないか確かめてください。スタッフのひそひそ話やくすくす笑いは，被害妄想の対象になりますので控えましょう。症状が現れて話の内容が混乱していても耳を傾け，何を伝えようとしているのかよく聞きましょう。ただし，幻覚や妄想を助長するような質問をしてはいけません。誰かを訴えるなどの主張には，肯定も否定もしてはいけません。要求が受け入れられないと激怒して騒ぐ，多方面に苦情を訴えるなどを繰り返すような人の場合，職場全体で対処することが大切です。共通の認識のもと，一貫した対応をとりましょう。精神保健の相談機関に助言を求めることもできます。特に自傷他害の恐れのある人の場合，専門機関との連携が欠かせません。

② 高次脳機能障害

　高次脳機能障害は，交通事故や脳卒中などで脳に受けた損傷のせいで，失語や失行・失認・記憶障害，注意障害，遂行機能障害，社会的行動障害などの症状を呈する認知障害です。そのために人との交わりや生活への適応に困難が生じます。社会的認知がまだ不足しているため，周囲からの理解が得られにくい障害です。用件がうまく伝えられない，資料が探せない，OPAC などの操作がうまくできない，興奮して突然泣き出したり怒り出したりする，反対側に注意が向かないため物によくぶつかったりつまずいたりするなどします。

　言葉が出ずに困っているときは，何を言おうとしているのかを推し量り，その人の言葉を補うなどして言語表現を援助

しましょう。はい・いいえで答えられる質問を組み合わせて，共通の理解ができているか確かめながら話をしましょう。書きながら確認することで記憶にも残りやすくなります。大切なことは，メモに書いて渡すとよいでしょう。情緒が不安定なときは，ゆっくり本人が落ち着くのを待ちましょう。通路には余計なものを置かないようにしましょう。必要に応じて資料のあるところまで案内したり，機器の操作を援助したり，申込書の記入を助けたり，個々の場面に応じた援助をしてください。

③　その他

精神障害にはこれら以外にも，躁うつ病やパニック障害，アルコール・薬物などの依存症，人格障害など多々あります。精神が障害されると，意思疎通，思考，感情，認知だけでなく，基本的な能力（食事，清潔保持，金銭管理など）までが低下するほか，移動すら困難になります。その点で，精神障害者は社会生活全般にわたって不自由を抱えているといえるでしょう。

(8)　知的障害

日本では「精神薄弱」という用語が，英語や独語からの訳語として古くから使われており，1945 年施行の学校教育法や児童福祉法でもこの用語が使われたことから，一般にも広まっていきました。その一方で，教育や福祉の現場では「精神遅滞」という用語も使われ，「精神薄弱」とほぼ同義語として定着していきました。しかしいずれの用語も，いわゆる「不快語」「不適切語」であるという意見が強まり，改正のための

検討が始められました。そして，当時の厚生省での検討結果を踏まえ，1999年「精神薄弱の用語の整理のための関係法律の一部を改正する法律」（略称「精神薄弱の用語整理のための法律」）が施行され，これ以降は「精神薄弱」の用語はすべて「知的障害」に改められました。

ただし正確には，「精神薄弱」に代わる用語としては「知的発達障害」であり，簡略化する場合に「知的障害」を使うものとし，基本概念上「精神遅滞」と変更はないとされました。また一般に，「知的障害」には発達期（ほぼ18歳まで）に生ずるものだけでなく，発達期を過ぎての頭部損傷やアルツハイマー病などによるものも含まれるとされていましたが，簡略化した「知的障害」を使う場合には，発達期のもののみに限ることとされました。

現状では知的障害の法律上での定義は，たとえば知的障害者福祉法などでも明確には示されていません。行政上での定義としては，厚生労働省の「精神薄弱児（者）福祉対策基礎調査」（1990年）での，「知的機能の障害が発達期にあらわれ，日常生活に支障が生じているため，何らかの特別の援助を必要とする状態」というものがあります。

療育手帳制度は知的障害児・者の支援を目的とするものですが，その判定は1973年厚生事務次官通知の指針により，各都道府県知事が判定に係る実施細目を定めることになっています。全国的には「療育手帳」と呼ばれていますが，自治体によって「愛の手帳」（東京都・横浜市），「みどりの手帳」（埼玉県），「愛護手帳」（青森県・名古屋市）などの名称も使われています。

実務上ではいわゆる「知能指数」も判定のための一定の目

安とはされますが，厳格な上限値などは定めずに，個別的な支援の必要性の有無や程度などをもとに，総合的に判断しています。直近の厚生労働省による 2011 年の調査では，知的障害児・者の数を約 74 万人と推計しています。その数字は 2005 年の調査と比較して約 20 万人も増加しましたが，これは療育手帳制度などの周知が進み申請数自体が増加したことが主な原因で，出現率が高まったわけではないと考えられています。

　知的障害の人の困難の程度については，発語もほとんどなく文字での意思疎通が困難な重度の状態から，やさしい漢字やひらがなで書かれた平易な文章ならば一定程度の理解が可能，という軽度の状態まで大きな幅があります。したがって図書館資料の利用にあたっては，利用者個々の障害の状態を十分に把握する必要があります。また，場合によっては，図書館施設や資料への物理的アクセスに関する配慮や，支援員や介助者との連携が必要になることもあります。

　知的障害の人が利用できる方式の資料として，具体的には，LL ブック，ピクトグラム，マルチメディアデイジー図書などがあります。

　2010 年施行の改正著作権法により，図書館ではこれらの資料の製作を行うことも可能です。たとえば漢字にルビを振る，漢字をひらがなに書き換える，内容を要約しわかりやすくする，平易な表現にリライト（翻案）する，音訳（デイジー化など）する，など利用者に適したものを自ら製作することができます。

(9) 盲ろう者

　耳と目が不自由な人を「盲ろう者」といいます。一口に「盲ろう者」といっても，大きく分けて以下のような4つのタイプがあります。全盲ろう（まったく見えず，聞こえない），盲難聴（まったく見えず，聞こえにくい），弱視ろう（見えにくく，聞こえない），弱視難聴（見えにくく，聞こえにくい）。

　また，障害を受けた時期によって，以下のような環境による分け方をすることができます。先天的な盲ろう者（生まれつき，または幼児期までに目と耳に障害を受けた場合），盲ベースの盲ろう者（視覚障害者であった人が，聴覚に障害を持った場合），ろうベースの盲ろう者（聴覚障害者であった人が，視覚に障害を持った場合），中途盲ろう者（視覚や聴覚に障害がなかった人が，人生の途中で視覚聴覚の両方に障害を持った場合），加齢に伴う盲ろう者（高齢になり，目と耳が不自由になった場合）。

　このように，盲ろう者といっても多様なタイプがあり，したがってコミュニケーション手段も次のようにさまざまな形式が用いられています。伝えたいことを点字で書いて伝える方法，盲ろう者の両手の6本の指を点字タイプライターに見立てて，重ねた指の上から伝えたいことを点字として打つ「指点字」，ブリスタという速記用点字タイプライターを使用して，伝えたいことを専用の紙テープに打ち出して次々と読んでもらう方法，手話を触ってもらう「触手話」，盲ろう者の見え方に合わせた距離や大きさで手話をする方法，五十音式指文字を触ったり見てもらい伝える方法，ローマ字式指文字を盲ろう者の手のひらで触ってもらう方法，手のひらに仮名文字や漢字を指で書いて伝える方法，拡大文字を筆談したりパソコンに映し出す方法などです。わずかな聴力がある場合は，そ

の人の聞こえやすい声の高さや速さなどで伝える方法もあります。

　図書館利用というところでは，盲ろう者の多くが1人での来館が困難であり，また電話の利用も困難な場合が多いことから，電子メールまたはFAXによるコミュニケーションとなります。電子メールの場合は，盲ろう者は点字ディスプレイを用いて点字として読み書きしたり，画面の文字を拡大して読み書きします。FAXの場合，その盲ろう者の読みやすい大きさや字体に配慮することはもちろんですが，読書の秘密が守れるよう留意してください。盲ろう者にとっての図書館資料は一般的には点字または拡大文字となりますが，年齢に伴う視力障害の重度化により，圧倒的に点字の利用希望が多くなります。また，手話を第一言語として生活してきた盲ろう者や，知的障害と重複した盲ろう者もいて，文字手段による情報にアクセスすることが困難な場合もあります。その場合は，耳と目以外の感覚，たとえば嗅覚を用いて楽しむ「におう絵本」や，触覚を用いて楽しむ「布の絵本」の提供に積極的に取り組むことも必要です。

　自宅にいても，テレビからもラジオからも情報を得ることが難しい盲ろう者にとって，図書館こそが自由に情報にアクセスできる「心の糧」です。図書館に対する盲ろう者の潜在的ニーズは大変大きいものです。しかし現状では，多くの盲ろう者が図書館サービスから取り残されています。盲ろう者関係の団体へ図書館サービスをPRすることや，点訳サービスを音訳サービスと同等に行うことなど，盲ろう者へ扉を開いたサービスが，今，多くの図書館に求められています。

（10） セクシュアル・マイノリティ

図書館利用に障害のある人は、いわゆる図書館利用者の「マイノリティ（少数派）」です。しかし、たとえば身体障害者や入院患者のことをあえて「マイノリティ」と表現することはほとんどありません。これに対して、「セクシュアル・マイノリティ（性的少数者）」という言葉は現在、日本で一般的に使われています。ここには、ある種の社会的排除や見えない差別が含まれているという意見もあります。この項では、その現実を直視しつつ、セクシュアル・マイノリティとはどのような環境に立たされた人たちであり、図書館サービスで何ができるか、そこに焦点を当てることにします。

一口にセクシュアル・マイノリティといっても、性自認と性的指向の2つの側面から理解する必要があります。

性自認とは、自己の性別を確信することですが、生まれながらの肉体的性別と一致しない人がいます。たとえば、FtM（女性として生まれ男性の性自認の人）、MtF（男性として生まれ女性の性自認の人）、中性（男と女の中間の性を自認する人）、両性（男女両方の性自認がある人）、無性（当てはまる性別がないと自認する人）などです。

性的指向とは、その人の恋愛対象や性的対象について表す言葉です。男性同性愛者（ゲイ）、女性同性愛者（レズビアン）、男女ともに愛する対象となる人（バイセクシュアル）、他者に対して常に恋愛感情や性的欲求を抱かない人（アセクシュアル、またはエイセクシュアルともいいます）など、さまざまです。また、性自認と性的指向は独立したものではなく、たとえばFtM ゲイの人、無性のアセクシュアルの人といったように、一人一人置かれている環境は多様です。さらに、自分の性自

認や性的指向が揺れ動いていたり，どちらともつかない場所にいる人，性自認や性的指向に大きな苦しみを抱えている人，自らの性自認や性的指向を前向きに捉えて生きている人などもいます。「セクシュアル・マイノリティ」とひとくくりにしてカテゴリー化して考えるのではなく，その人の生きてきた道や人生観を尊重することが大切です。

　セクシュアル・マイノリティの人は，自分の抱える苦しみを表立って語ることが大変難しく，多くの人が生きづらさを抱え自分らしく生きることを制限されています。図書館としてまずできることは，そのような人たちの支えとなる資料，たとえばセクシュアル・マイノリティに関する専門書や当事者の手記，専門の相談機関が紹介されたもの，いろいろな愛の形を描いた小説などを積極的に収集し，提供することです。そして図書館資料のテーマ別展示のようなときには，セクシュアル・マイノリティをテーマとした資料展示をすることによって，すべての図書館利用者に手に取ってもらえるようにすることや，図書館がセクシュアル・マイノリティの人に開かれた場所であることを知ってもらう必要があります。

　また，生まれながらの性別に違和感を抱えた人にとって，図書館利用のハードルはいくつかあります。1つはトイレの問題です。たとえば体は女性でも性自認が男性であれば，女性のトイレに入ることは恥ずかしかったり屈辱的なことです。そのようなとき，多目的トイレを，性別に違和感のある人にも安心して使えるようにするなどの配慮が必要です。また，図書館においてアンケート調査等をする場合には，性別欄は「男」「女」のみに固定するのではなく「指定無し」または「Xジェンダー」（男女の性別に当てはまらない性自認を意味します）

という項目を作るなどの配慮も大切です。これに加え，利用者登録の際に，本名とともに，自認する性別に合った名前を使えるようにすることや，性別を問われる場合は，望む性別で登録できるといったことを自然な形で利用者全体に知らせることも，よりよい方法かもしれません。

　性的指向の多様な図書館利用者のことを考えるとき，大切なのが，さまざまな家族（パートナー）の形態に配慮することです。ゲイカップルやレズビアンカップルが子育てをしている家族もあります。家族対象の行事などでは，そのようなことにも考慮して，誰でも参加できるイベントを企画するようにしましょう。

　セクシュアル・マイノリティの人の中には，発達障害や，精神的な病気を抱えている場合も多くあります。もちろんのこと，セクシュアル・マイノリティである身体障害者等もいます。そのような複合マイノリティの中にいる人たちは，さらに孤立した状況になります。現在の行政の福祉制度では，セクシュアル・マイノリティの人の生きづらさへの支援は皆無に等しく，図書館がそのような人たちに手を広げていくことで地域の居場所となれるのではないでしょうか。そして，図書館資料は，それぞれの人生の道を示してくれる友となり得るのです。図書館資料を通じて，専門の相談機関と出会い，そこで，同じような悩みを抱えた仲間と出会って力強く生きていけるようになったセクシュアル・マイノリティの人たちもいます。セクシュアル・マイノリティの人を表す色は虹色です。図書館は，セクシュアル・マイノリティの人と社会との，そして，さまざまな資料とさまざまな人生を生きる人のかけ橋の虹となれる可能性に溢れているところなのです。

（11）　その他の障害者，重複障害等

　さまざまな障害者についてとりあげてきましたが，これらのカテゴリでは分類しきれない障害者も多く存在します。難病患者，起立性障害，パニック障害，感覚障害，日光過敏症などもその一例でしょう。そういった人たちの場合，見ただけではわからない・本人が障害を持っていることを知られたくない・図書館側の無理解等で障害として扱われずにトラブルになることもあります。

　また，障害を併せ持つ重複障害者には，より多くの配慮を必要とします。重複障害については明確な定義は存在せず，いわゆる障害者福祉三法（①身体障害者福祉法，②知的障害者福祉法，③精神保健及び精神障害者福祉に関する法律）が各々障害認定を行っています。たとえば身体障害が2つ以上重複する場合，各々の障害の指数を合算することにより障害等級を総合的に判定する等の制度はありますが，知的障害または精神障害との重複を考慮に入れる規定はありません。これとは別に，学校教育においては特別支援学校小学部・中学部学習指導要領で「複数の種類の障害を併せ有する児童または生徒（以下，『重複障害者』という。）については，専門的な知識や技能を有する教師間の協力の下に指導を行ったり，必要に応じて専門の医師及びその他の専門家の指導・助言を求めたりするなどして，学習効果を一層高めるようにすること」としています。

　一般的には「視覚障害」「聴覚障害または平衡機能障害」「音声・言語障害または咀嚼機能障害」「肢体不自由」「内部障害」「知的障害」「精神障害」から2つ以上の障害を併せ持つ場合をいい，また近年ではそれらに加えて「発達障害」「広汎性発

達障害（自閉症，アスペルガー症候群など）」「学習障害（LD）」
「注意欠陥・多動性障害（ADHD）」「情緒障害」などの障害を併
せ有する場合，重複障害と考えます。障害者は，その不自由
さを他の感覚機能などで補っていますが，重複障害者は補え
る機能が狭められていますので，よりきめ細かい対応が求め
られます。新生児医療の進歩で救命率が上昇した半面，出生
時の低酸素症または仮死等により，重症心身障害児は増加傾
向にあり，特別支援学校のうち盲学校では，児童・生徒数が
減少しているにもかかわらず，重複障害児童生徒数は増加し
ています。

　平成 18（2006）年の厚生労働省の調査では，重複障害者は，
　　肢体不自由と内部障害　91,000 人（29.4%）
　　聴覚・言語障害と肢体不自由　81,000 人（26.1%）
　　視覚障害と肢体不自由　32,000 人（10.3%）
　　視覚障害と聴覚・言語障害　22,000 人（7.1%）
　　視覚障害と内部障害　15,000 人（4.8%）
　　聴覚・言語障害と内部障害　15,000 人（4.8%）
　　3 種類以上の重複障害　54,000 人（17.4%）
となっています（総数：310,000 人）。この調査には知的障害
および精神障害が含まれていませんので，実際の重複障害者
はさらに多いと考えられます[3)]。

　しかし，障害者は特別な人々ではありません。また，障害
の内容・程度は個々に異なり，環境の変化や状態によって変
化するものでもあります。障害特性というものはありますが，
利用者を「障害者」としてひとくくりにすることなく，一人
一人の個人として尊重し，それぞれのニーズに応えましょう。
家族・教師・当事者団体・支援団体などとも協力して，図書

館として何ができるかを，少しずつでも考えていくことが大切です。

1.3 図書館利用に障害のある人2　図書館に来館することが困難な人

（1）　施設入所者

　施設に入所しているために図書館を利用できない人の数は，高齢者施設を中心に毎年増加しています。たとえば，50人が入所するある特別養護老人ホームの入所者の実態は次のようなものです。

　入所者の平均年齢は，男性77.2歳，女性89.0歳で平均介護度が4.22。食事の自立は23人（46％），入浴の自立は0人，排泄の自立は4人（8％），移動の自立は4人（8％）という状況です。

　各地の特別養護老人ホームでは平均介護度が年々上がり，自力で本を読める人の数は減少していると思われます。現状では，本を貸し出すだけでは読書のできない人が多く，図書館側からの働きかけがなければ，本や資料を楽しめない人が多数を占めると思われます。したがって本の朗読や紙芝居，絵本の読み聞かせなど，さまざまな工夫をこらして本を楽しんでもらう方策が求められます。

　施設へのサービスの対象には高齢者施設のほか，児童養護施設，障害者福祉施設などが含まれます。これらの施設は入所施設だけではなく通所施設も多く，重度の人から比較的軽度の人たちが出向いて，仕事や作業をしたり一定時間施設で過ごしたりしています。通所施設に通所している知的障害者

などのうち，個人で図書館を利用している人の数は非常に少ないのが実態です。しかし，図書館が施設に出向いて貸出を行えば多くの人が利用してくれます。これは老人保健施設などのデイサービス・ショートステイの利用者も同様で，通所施設に通っている人も来館・図書館利用が困難な人として，施設を通した図書館利用をしてもらえるようにアプローチする必要があります。

　このように，児童通所支援施設・障害者福祉施設・高齢者施設などでは，入所や通所に関係なく積極的に，施設を通した図書館サービスが受けられるようにしていきたいものです。

(2)　入院患者

　入院患者サービスは，病院施設において患者とその家族へ読書環境を提供するものです。患者図書サービス，病院患者サービスなどさまざまな呼称がありますが，目的は主に2つに分かれます。1つは，「癒し」や「娯楽」を提供する一般図書の資料提供です。2つ目は，病気や治療法を知るための医療情報の提供です。

　施設として常設の図書室は「患者図書室」と呼ばれます。すべての病院に「患者図書室」が設置されているわけではなく，さまざまなサービス形態があり，次の4つに分類されます。①独立型：院内に患者図書室やコーナーを常設する方法，②公開型：病院ロビーなどで特定の日時のみに図書コーナーを出現させる方法で，店開き方式とも呼ばれる方法，③巡回型：ブックトラックに図書を積んで病棟を巡回する方法，④併設型：病院職員用の医学図書館（病院図書室）を開放する方法，などがあります。患者図書室に専任職員が置かれること

はまだ少なく，ボランティアだけでの運営や無人開館もあります。

　入院患者への図書サービスの始まりは，英国において，戦時における負傷軍人へ聖書を提供したこととされています。日本では，病院という非日常的な環境でも，図書を手に取ってもらえるよう，病院ボランティアの主導で始まっています。入院中は，診察や治療時間を除いて患者は退屈する時間もあるため，図書を通じて入院生活に潤いや読書の楽しみを提供しています。公共図書館では，図書館まで来られない利用者へアウトリーチサービスを行い，病院への団体貸出，自動車図書館の駐車スポットを病院玄関とするサービスが開始されます。病院側には予算をかけずに，図書冊数が大幅に増え，新刊や患者のニーズに沿った図書を配送してもらえるメリットがあります。公共図書館側が提供する資料は，小説などの一般図書ですが，ベッドサイドで気軽に楽しめる写真集・漫画・大活字本・落語CDなど患者からのリクエストもあります。小児病棟ではプレイルームで子どもたちへの絵本の読み聞かせ，紙芝居など「入院患児へのサービス」も行われるなど，つらい入院生活を少しでも忘れてもらいたいという思いで，長い間一般図書の提供が行われてきました。

　しかし，1990年代後半に「患者中心の医療」，「インフォームド・コンセント（説明と納得した同意）」をキーワードに，患者自身が病気について勉強する「自己学習施設」としての患者図書室が注目されるようになりました。病院内に患者図書室を設置し，医療情報を提供し，患者の意思決定をサポートします。この医療情報は，医学書や医学辞典に加え，診療ガイドライン，治験情報，医学論文，製薬会社のパンフレット

など多彩な資料が提供されています。インターネット上の信頼性の高い医療情報サイトを教えてくれる場合もあります。患者図書室のみで高価な医学書を揃えることは予算上難しいため，より専門的情報は医学図書館と呼ばれる大学医学部図書館や病院職員用の医学図書館（病院図書室）を患者へ開放して，医学図書館職員に対応してもらう病院もあります。がん診療連携拠点病院では，がん患者同士が語り合う場「がんサロン」に図書コーナー機能を設ける例など，図書館職員がかかわらない形態もかなりあります。

　以前は，病院サイドにとって患者図書室は非採算部門であるため，設置に積極的でなく，スペースの確保，本の衛生状態や院内感染への憂慮がみられました。しかし，近年病院のブランド化や患者サービスとして患者図書室への関心は高まりつつあります。

(3)　受刑者等矯正施設入所者

①　矯正施設とは

　矯正施設は法務省が所管している刑務所，少年刑務所，拘置所，少年院，少年鑑別所および婦人補導院の総称です。

　矯正施設に収容されている人々は，自由に出歩くことが基本的にできないため，図書館や書店に行くことはできません。施設内には貸出用の書籍等が備え付けられており，購入や差入れによって個人的に書籍等を入手できる制度もあるため，まったく「読書」ができないわけではありません。しかし，実際には蔵書の冊数・内容が不十分な施設が多く，購入や差入れについても条件があるため，書籍等の入手には制約があるのが実情です。このため，矯正施設に収容されている人々

は，自由に読むことや情報を得ることが難しい状況にあるといえます。

② 公共図書館によるサービス

一部の施設では，蔵書の不足を補い，矯正教育の充実を図ること等を目的として，公共図書館のサービスを利用しています。具体的には，以下のような取り組みが行われています（現在は実施されていない取り組みも含む）[4]。

ア　団体貸出や移動図書館による資料提供

イ　図書館が除籍した書籍や受入しなかった書籍等の寄贈

ウ　選書に関する情報提供

エ　受刑者等からの手紙や葉書によるレファレンスへの回答

オ　施設内での行事（読書会等）への図書館職員の参画

カ　施設の職員に対する絵本の読み聞かせに関するレクチャー

キ　図書館見学の受入れ

③ サービス提供の必要性

法務省がすべての出所受刑者を対象に実施している「受刑者に対する釈放時アンケート」では，「受刑生活で良かったこと」という設問の回答として「読書」が上位に挙げられています。このアンケートには施設の蔵書に関する設問もあり，約半数の人が種類の不足や古い本が多いことを理由として「読みたい本が少なかった」と回答しています[5]。この結果は，受刑者には「読書」に対する高いニーズがある一方で，施設の蔵書が不十分な状況にあることを示しています。

ここで重要となってくるのが，公共図書館との連携です。国費による書籍等の整備は，施設の方針や予算等の問題もあり簡単にはできませんが，公共図書館の資料を借りれば費用をほとんどかけずに蔵書の不足を補うことが可能です。さらに，貸出以外の連携も行った場合には，読書を通じたより効果的な立ち直りの支援ができる可能性があります。

　矯正施設へのサービス提供は，アウトリーチサービスの典型といえますが，実際にサービスを提供している図書館数はかなり少ない状況です[6)]。矯正施設側から貸出等を希望してくる可能性は低いため，近隣に施設がある場合には，図書館側から積極的に働きかけていくことが望ましいでしょう。

1.4　その他の理由で図書館利用に障害のある人

（1）　高齢で図書館利用に障害のある人

　日本は 2019 年の調査で，4 人に 1 人が 65 歳以上，7 人に 1 人が 75 歳以上という超高齢社会です。高齢者は図書館サービスの対象者としてもはやマイノリティではありません。とはいえ，すべての高齢者が図書館利用に障害があるわけではなく，高齢者の心身の状態には個人差が大きいことは言うまでもありません。10～20 年前と比較して加齢による体力の変化の出現が明らかに遅くなってきているとはいえ，確実に変化は訪れます。そのようなとき，図書館では高齢者に対してどのようなサービスを考えていくべきでしょうか。ピーター・ラスレット（Peter Laslett）が 1980 年代に唱えたサード・エイジ論を参考に，高齢者を子育てが終わって自由な生活を楽しめる世代（サード・エイジ）と依存・老衰の世代（フォース・

エイジ）に分けて考えてみましょう。

① サード・エイジの高齢者へのサービス

日本のサード・エイジの高齢者は，積極的に生涯学習をしており，そこで得た知識や技能を自分の人生をより豊かにするため，あるいは自分の健康の維持増進にもつなげようとしています。他の世代と比較すると，時間的な余裕ができたこともあり，学習・スポーツ・文化活動などの指導やボランティア活動などを通じて，地域や社会での活動に，その知識や技能を生かしている人も少なくありません。ただし，体力の変化を考えると，図書館資料へのアクセス方法が以前と異なる可能性が高まります。たとえば，来館そのものが難しい人も出てきますので，近くの図書館以外の公的施設で資料の貸出・返却ができると便利です。また，資料のデジタル化や電子書籍等のインターネット利用も今後不可欠になるでしょう。

来館自体に困難がない高齢者への生きがい支援としては，自分史やエンディングノートの作成といった「終活」への支援があり，すでに積極的な導入が図られています。なお，バーバラ・メイツ（Barbara T. Mates）の『高齢者への図書館サービスガイド：55歳以上図書館利用者へのプログラム作成とサービス』（京都大学図書館情報学研究会　2006）も高齢者サービスを考える際に参考になります。

② フォース・エイジの高齢者へのサービス

最終依存の年代であるフォース・エイジの高齢者は，多くの場合，自分1人では図書館へのアクセスが困難になります。そこで，図書館にはデイケア施設や介護施設等へ図書館資料

や職員を届ける，アウトリーチサービスの積極的展開が求められます。

　また，国際的課題になっている認知症の人も加齢とともに増加します。症状にもよりますが，認知症の人の生活の質の向上を目指して図書館サービスを提供する取り組みが不可欠です。図書館職員が認知症サポーターの養成講座を受講することで，支援の第1歩を踏み出せます。さらに島根県出雲市立ひかわ図書館や岡山県瀬戸内市立図書館のように，グループ回想法という心理療法を提供している図書館も登場しています。川崎市では「認知症の人にやさしい図書館プロジェクト」として，図書館の場や機能を活用して認知症の人やその家族の課題解決を図る取り組みを進めています。認知症にやさしい街づくりに図書館も参加しているのです。

（2）　病気や怪我などで図書館利用に障害のある人

　一時的な障害を図書館利用の障害と認めている図書館は多くありませんが，現実になんらかの「図書館利用の障害」があれば，図書館においては障害者サービスの対象です。足の骨を折って図書館に行けない，腕を怪我していてページがめくれない，更年期障害で文字を読むとめまいがする，うつ状態で活字が読めないなどは，どれも図書館利用の障害といえます。実際に病気や怪我をして不自由な思いをしたことのある人は理解しやすいと思いますが，図書館に行く・本を読むという行為は，健康でなくなるとたちまち大きな困難が生じます。それでいてほかにできることがないとか，情報を得たいと思うため，普段より図書館利用の必要性が高まることもあります。

76

図書館の大きな機能の一つに課題解決というものがあります。『困ったときには図書館へ』（悠光堂　2014）という書籍もありますが，これを実現するためには，一時的な病気や怪我なども図書館利用の障害であると考えなくてはなりません。その病気や怪我がたとえ将来にわたって続くものでなくても，利用する資格があるのです。

　利用者には「障害者サービス」の意味を説明し，図書館利用の障害である症状がなくなったら一般利用に切り替えることも了承してもらって，本人の状態に適した資料やサービスを紹介し，図書館利用を勧めましょう。

（3）　外国人，日本以外の文化的背景を持つ人

　グローバル社会といわれる今日，多くの人々が国を越えて移動し，地域社会の大多数が使用する言語や共通の文化とは異なる背景を持つ住民がともに生活しています。

　日本でも 1990 年の「出入国管理及び難民認定法」改正以降，在住外国人が飛躍的に増加し，法務省入国管理局の統計によると，2017 年 6 月末現在約 247 万人になりました。国籍別には，多い順に中国，韓国，フィリピン，ベトナム，ブラジル，ネパールとなっています。さらに，国籍による統計上の数字では現れてこない，外国につながりのある子どもや日本人の配偶者などを含めれば，その数字はもっと多いということも忘れてはなりません。

　日本の図書館界でこうしたマイノリティの人々への図書館サービスが意識される契機になったのは，1986 年の国際図書館連盟（IFLA）東京大会で出された「多文化社会図書館サービス分科会および全体会議決議」です。この決議で，日本に

は「韓国・朝鮮系と中国系を中心とする在日の文化的マイノリティ（少数派）が相当数いるにも関わらず，彼らのための適当な図書館資料や図書館サービスが，特に公共図書館において欠けている」[7]と指摘されました。

こうしたマイノリティの人々へのサービスは，現在「多文化サービス」として認知されるようになっています。

「多文化サービスのためのガイドライン」[8]では，「図書館は先住民，移民のコミュニティ，混在した文化的背景を持つ人々，多国籍者，ディアスポラ［原住地を離れた移住者］，保護を求めている人，難民，短期滞在許可資格の住民，移住労働者，ナショナル・マイノリティなど，そのコミュニティでの文化的に多様な集団に格別の注意を払う必要がある」としています。

外国人や日本以外の文化的・言語的背景を持つ人々は，日本語が理解できないため資料を利用できない，貸出やレファレンス・行事などの際図書館職員とのコミュニケーションがとれない，図書館の場所や利用のしかたがわからない，などの図書館利用の障害があります。

その国や地域の生活・文化・さまざまなルールなどにかかわる情報は，ほとんどの場合その国の主要言語でしか出版・報道されません。言語が理解できなければ，どのような情報があるのかもわからず，情報にアクセスすることもできないことになります。その人にわかる言語と方法で情報を伝えたり，日本語の学習を支援したりすることは，地域社会での平和的共生を進める上で非常に重要です。

また日本に関する資料・情報だけでなく，母国の資料を母語で提供することは，故郷を離れて住む人の心の拠り所とも

なり，世代間コミュニケーションや文化の継承などのためにも必要です。

　図書館は地域の関係機関や団体などと連携し，在住外国人や多様な文化的・言語的背景を持つ人のニーズを把握してサービスを進めること，さらに地域の人々にもそれらの人々への理解を促すための情報提供と交流の場の提供などが求められます。

（4）　その他（妊産婦，離島に住む人等）

　ここまで，図書館利用に障害のある人をいろいろ紹介してきました。本書をお読みのみなさんは，障害の有無や障害者手帳の有無などはまったく関係なく，なんらかの理由で図書館の利用に障害のある人たちすべてが対象であることをご理解いただけたと思います。

　さらに，妊産婦のように一時的な利用の障害も，当然障害者サービスの利用者です。図書館を使いたいけれど使いにくいという利用者であることにおいて，障害者サービスの対象者となるからです。

　妊産婦は体調により体を動かすのが困難である反面，生まれてくる子どものためにいろいろな知識を得たいと考えています。初めての経験，核家族で誰にも聞くことができない状態であればなおさらです。子どもが生まれてからも，わからないことはたくさんあり，体力的にも時間的にも大変厳しい環境に置かれます。今困っていることがたくさんある，というのが妊産婦・小さい子どものいる家庭なのです。

　たとえばお腹が大きかったり，小さい子ども連れやベビーカーでの来館者であれば，「かがむのが大変なので，立ったま

ま自然に手が伸ばせる位置に本を置いてほしい」「ベビーカーを置く場所を確保してほしい」「近くに座って読めるスペースがほしい」などの要望が考えられます。小さい子どもが泣くことに，肩身の狭い思いをしなくてよいような環境づくりも大切です。

　離島に住む人は障害のあるなしに関係なく，ある意味情報障害の状態に置かれています。図書館がない，書店がないのは当たり前で，新聞や雑誌が数日遅れで届くことがふつうの状態のところもあります。このような地域では高齢者が多いのも特徴です。離島を抱える都道府県立図書館・市町村立図書館では移動図書館・貸出文庫などのさまざまなサービスを行っていますが，障害者サービスの視点を加えて考えてもらうと，さらなる展開もあるのではないでしょうか。

　いわゆる寝たきり状態の人が障害者サービスの対象であることは明確ですが，その介護を行っている家族も対象者です。介護で家から出られない状態になっているけれども，必要な情報を入手したい，空いている時間には読書がしたいと考えるのは当然です。

　以上のように，なんらかの図書館利用に障害のある人であれば，障害者サービスの対象です。心身障害者の枠から抜け出て，より広く障害者をとらえ，その人たちの図書館利用を保障する方法を考えてください。病気などによる一時的な障害状態も含めれば，すべての市民が障害者サービスを受ける可能性がある，といえるのかもしれません。

注
1）http://www.mext.go.jp/b_menu/shingi/chukyo/chukyo3/044/attach/297377.htm

2）茂木俊彦「発達における障害の意味」『岩波講座子どもの発達と教育
　3　発達と教育の基礎理論』岩波書店　1979　p.182
3）「平成 18 年身体障害児・者実態調査の障害の組合わせ別にみた重複
　障害の状況（身体障害者）」による。「身体障害児・者実態調査」および
　「知的障害児（者）基礎調査」は拡大・統合して平成 23 年から「生活の
　しづらさなどに関する調査（全国在宅障害児・者等実態調査）」となっ
　たため，これ以降の数値は明らかでない。
4）青柳英治ほか編『ささえあう図書館　「社会装置」としての新たなモ
　デルと役割』勉誠出版　2016　p.181-196
5）「受刑者に対する釈放時アンケートについて（平成 30 年度分）」
　http://www.moj.go.jp/content/001316306.pdf
6）全国の公共図書館を対象とした 2 つの直近の調査では，それぞれ①
　39 館，② 35 館が「連携あり」と回答している。
①　「公共図書館における障害者サービスに関する調査」（国立国会図書
　館　2018）
②　「公立図書館における協力貸出・相互貸借と他機関との連携に関す
　る実態調査」（全国公共図書館協議会　2010）
7）日本図書館協会多文化サービス研究委員会『多文化サービス入門』日
　本図書館協会　2004　p.172
8）国際図書館連盟多文化図書館サービス分科会『多文化コミュニティ：
　図書館サービスのためのガイドライン第 3 版』日本図書館協会　2012

参考文献

中村満紀男・前川久男・四日市章編著『理解と支援の特別支援教育』コ
レール社　2009
髙橋広編『ロービジョンケアの実際　視覚障害者の QOL 向上のため
に』医学書院　2006
村上琢磨・関田巌『目の不自由な方を誘導するガイドヘルプの基本
初心者からベテランまで』文光堂　2009
青柳まゆみ・鳥山由子編著『視覚障害教育入門』ジアース教育新社
2012
日本医学図書館協会医療・健康情報ワーキンググループ編著『やって
みよう図書館での医療・健康情報サービス第 3 版』日本医学図書館協会
2017　p.191

2章 障害者サービス用資料と その入手方法

2.1 障害者サービス用資料と一般資料

　障害者サービスでは，障害者サービス用資料と一般資料の両方を扱います。資料ということで同じくくりで考えてしまいがちですが，両者の違いを理解して提供しなくてはなりません。

　いうまでもなく一般資料は誰もが使える資料で，排架や提供も自由に行えます。多くは購入により入手します。図書館ごとに選書して収集し，各館独自のコレクションになっています。

　これに対して，障害者サービス用資料には次のような特徴があります。まず販売されているものがあまりないということです。もちろん購入できるものは，なるべく積極的に購入します。

　それでは，どのように障害者サービス用資料を入手するかというと，全国的な相互貸借システムを利用するか，資料そのものを図書館で製作します（詳しくはそれぞれの項目で後述します）。

　障害者サービス用資料を製作するということは，基本的に原本資料があり，それを障害者等が利用できるように変換（製作＝複製）するということです。著作権法第37条第3項によ

り，図書館は「利用者が読める形式での製作」が認められています。2009年の法改正以前に製作されたもの，または特別な理由により著作権許諾をとって製作している場合もあります。このように原本の複製として製作されたものは，利用者が限定されます。著作権法第37条第3項により製作したものは「視覚障害者等」しか利用できません。障害者サービス用資料は誰もが使えるわけではありませんので注意してください。逆にいうと，図書館職員は個々の資料について，誰に提供してよいものかを理解していなくてはなりません。

　ところで，障害者だからといって一般資料が利用できないとは限りません。拡大読書器やリーディングトラッカーを使ってそのまま読める場合もあります。障害者だから障害者サービス用資料，という固定観念はやめましょう。さらに，発達障害者は絵本や漫画が利用しやすいとか，映画も洋画の日本語字幕があると聴覚障害者が利用できるとか，従来からの一般資料も障害者が積極的に利用できる場合があることを知っておいてください。

　また，著作権法第37条第3項で製作した資料は原本の代替物であり，二次的資料です。利用者からのリクエストに応えるための手段として図書館が製作しています。ただし，利用者のリクエスト以上に製作できる図書館もあり，そのようなところでは自ら積極的に選書して資料を製作しています。障害者サービス用資料の多くは，全国的な相互貸借システムにより，いつでも簡単に資料やそのデータが入手できますので，単館での所蔵にはあまり意味がありません。

　これとは別に，障害者のために製作されている資料であっても，誰もが使えるものがあります。点字資料・大活字本・

LL ブック等です。布の絵本・バリアフリー映像資料・マルチメディアデイジーの中には，著作権処理をするなどして誰もが使えるようにしているタイプがあります。

電子書籍は今後，障害者にアクセシブルなものが標準規格になっていかなくてはなりません（現在はそうなっていません）。特に障害者用としての資料でなくても，障害者が使えるようになっていることが重要です。図書館はそのようなマルチ利用ができる資料こそ，積極的に収集していきたいものです。

2.2 さまざまな障害者サービス用資料とその入手方法

(1) 点字資料
① 点字資料の種類
点字資料には，墨字（点字に対して印刷された文字のこと）原本を点訳したもののほか，オリジナルで作成されたものがあります。また，ほとんどの資料は点字のみで書かれていますが，点字と墨字が併記されたものや，点字と墨字を 1 冊に綴じたものもあります。最近は点図を含んだものや，盛り上げインクを使用した触察資料も増えてきています。

点字は，6 つの点の組み合わせで日本語の五十音（かな）を表す表音文字です。また，点の大きさや間隔なども決められていて，標準点字といいます。それ以外に以下のような特殊な点字があります。

　ア　Ｌ点字　点の間隔を広め大きな点にしたものです。Ｌサイズ点字規格に対応した点字プリンターもあります。
　イ　漢点字　漢字 1 字を 1 マスから 3 マスを使って，部首・つくりなどに対応した 8 つの点の組み合わせで表し

ます。

ウ　6点漢字　漢字を表す前置符号を置き，3マスから4マスで1文字を表し，音読み訓読みの点の組み合わせを基本にした体系を用いています。

エ　1級英語点字　英語点字をフルスペル（26文字のアルファベットと記号）で記述したものです。

オ　2級英語点字　頻出する単語や文字列を略字・縮字を用いて記述したものです。

カ　UEB（Unified English Braille）英語点字　英語圏で新しく導入されている統一英語点字表記です。従来の表記と縮訳や記号が一部異なっています。

点字にも図書と雑誌があります。また，単純に文字や図を点字にしたもののほかに，以下のような形式のものがあります。

ア　点字絵本　絵本を点字と点図を用いて点訳したものです。

イ　点訳絵本　絵本原本に点字や絵をかたどった透明シートを貼ったものです。本文や解説を別冊にしているものもあります。

ウ　点字付き触る絵本・ユニバーサルデザイン絵本　点字や絵を透明な盛り上げインクを使って印刷し，出版されているものです。

② 入手方法

点字資料の入手方法は，大きく分けて2通りあります。

1つは，点字出版者等で製作され販売・配布されているものを購入または寄贈により受け入れ，蔵書とすることです。

点字図書の出版情報としては、社会福祉法人日本盲人社会福祉施設協議会（日盲社協）点字出版部会発行の『日本点字出版総合目録』があります。最新のものは平成 23（2011）年 3 月版で不定期発行ですが、その当時の全国の点字出版物のほとんどが収録されています。ほかに「サピエ図書館」の詳細検索画面で、目録種別を「サピエ目録」から「出版」に変えた上で、点録出版年の範囲を指定するか、製作館参照で特定の出版施設を選択し、検索することもできます。「サピエ」への出版目録の登録は月 1 回行われています。

　各出版施設の出版目録や出版案内で情報を得ることもできます。出版施設以外には、国や自治体、企業で制度やサービスなどの案内を点訳し配布するものや、助成金により製作され全国の関係施設に配布されるものもあります。必ず入手できるとは限りませんが、寄贈の依頼をしてみるのもよいでしょう。

　もう 1 つは、自館で製作したり、他の図書館等やボランティア団体などにより製作されたものを相互貸借により借り受けることです。点字データで提供されているものをダウンロードして印刷し、蔵書とすることも可能です。資料製作や所蔵調査については、2.3 もしくは 2.4 を参照してください。

（2）　音声デイジー，カセットテープ資料

　視覚障害者向けの資料としては、最初に点字資料が思い浮かぶところですが、実は点字がスムーズに読める視覚障害者はわずかです。先天性の障害よりも、病気などによる中途での障害者が多くなってきているのも理由のひとつで、点字が読めるようになるためには訓練などで指の感覚を鍛える必要

があります。点字が読めない視覚障害者の場合，一番役に立つのは音声資料です。

　障害者サービス用の音声資料の録音媒体は，一般の音楽用再生機器においてはデジタルが主流になっても，障害者サービスの世界では利用者が新しい機器を使えない，持っていないとして，長い間カセットテープが使われてきました。しかし，デジタル録音図書の優れた点は明らかで，1986年に東京で開催された国際図書館連盟（IFLA）大会の専門家会議で，視覚障害者のためのデジタル録音図書の国際標準化が議論されました。ここから生まれたのが，日本では「アクセシブルな情報システム」と訳されているデイジー（DAISY：Digital Accessible Information System）です。

　カセットテープのように巻き戻しの手間がいらない，1枚のCD-ROMで50時間以上もの録音ができる，紙の資料を読むように頭出しやしおりがつけられる，再生スピードを変えられる，音が劣化しないなど，デイジーの有用性は最初から明らかでした。しかし，当初はコンテンツも少なく，なかなか利用者に受け入れられませんでした。そこで，1998年から2001年にかけて，厚生省補正予算事業として，全国約100か所の視覚障害者情報提供施設や盲学校へ2,580タイトルのデイジー録音図書が配布され，加えて再生機器の無料貸与等が行われました。これにより，デイジーは点字図書界を中心とした視覚障害者の世界で一気に広がっていきます。とはいえ，公共図書館がデイジーの製作・貸出をするにはまだ時間がかかりました。

　その後，カセットテープそのものが日本で生産されなくなり圧倒的に品質が悪くなったこと，再生機器すら販売されな

くなってきたことで，ようやくデイジーは公共図書館の音声資料の中心になりました。現在では，デイジーは視覚障害者や通常の印刷物を読むことが困難な人々のためのデジタル録音図書として広く利用されています（音声のみのデイジーを「音声デイジー」といい，最も普及しています）。

　2020 年 12 月現在，全国で製作されている障害者サービス用資料の総数はおよそ 90 万タイトルです。そのうち，音声デイジーデータはサピエ図書館では 10 万タイトル以上，国立国会図書館は 26,000 タイトルほどあります。

　音声デイジーは，図書だけではなく雑誌も多く製作されています。一般の利用者と同じように，雑誌は視覚障害者や来館困難な利用者にも人気があり，継続的に利用されています。サピエ図書館の全国録音雑誌一覧では，2020 年 9 月のデータで延べ 394 タイトルが挙げられています。

　デイジーはパソコンを用いて作成（これをデイジー編集といいます）しますが，編集ソフトウェアは無料で入手できるものもあります。デイジーを再生するためには，「プレクストーク」などの専用の再生機器を使うか，パソコンにソフトウェアをインストールして使います。また，スマートフォンやタブレットで再生アプリを用いて利用することもできます。一部の IC レコーダーも対応しています。

　ところで，「デイジー」は規格の名称であって，媒体そのものを指すものではありません。貸出は CD-ROM などに書き込んでメディアで貸し出す方法のほか，利用者自らがダウンロードなどして利用することもできます。

　当初はデイジー＝録音資料でしたが，2001 年 1 月，デイジー仕様 2.02 が音声と画像を同期させて表示させるマルチメ

ディアデイジーとして登場したことから，従来のものを音声デイジーとして区別するようになりました。

　デイジー規格は，50か国以上の国・団体で構成する「DAISYコンソーシアム」（本部：スイス）により，現在も開発と維持が行われています。デイジーの詳細はウェブサイト「ENJOY DAISY」（http://www.dinf.ne.jp/doc/daisy/about/）をご覧ください。

　このようにデイジーが普及してきても，主に高齢の視覚障害者を中心に「カセットテープでないと使えない」という利用者も多くいます。既存のカセットテープ図書を利用してもらうとともに，音声デイジーをカセットテープに変換して提供するという作業ももうしばらく必要なのかもしれません。

　録音資料としての音声デイジーやカセットテープには，市販されているものもあります。販売元については，日本図書館協会障害者サービス委員会のホームページにある「図書館の障害者サービスにおける著作権法第37条第3項に基づく著作物の複製等に関するガイドライン」に付随する，「著作権法第37条第3項ただし書該当資料確認リスト」に掲載されている出版社リストを参照するか，サピエ図書館で各種視覚障害者等用資料の出版物を検索してください。販売されているものは一般資料の出版数と比較すればほんのわずかですが，質の高い録音資料を購入することができますし，こういった障害者サービス用資料の出版を支えていくのも図書館の役割といえるでしょう。

　デイジーの相互貸借による借受は，全国の視覚障害者情報提供施設（点字図書館）や公共図書館へ申し込むことができます。一般資料が通常は都道府県内からの借受に限定されるのに対し，障害者サービス用資料は全国の資料，しかも点字図

書館の資料をも借りることができます。資料の全体数の少なさをネットワークで補っているのです。所蔵調査は「サピエ図書館」と「国立国会図書館サーチ」の2つのウェブサイトで行ってください（「2.3　2つの障害者サービス用資料データベースとその活用」参照）。

　借受依頼は所蔵館にFAXなどで申し込みます。その他、「サピエ図書館」の会員になるとオンラインリクエストなど簡便な方法を使うこともできます。サピエ図書館では会員になることにより、国立国会図書館では視覚障害者等用データの収集および送信サービスの承認館・参加館になることにより、資料そのもののダウンロードも可能となります。また、どちらも視覚障害者等の本人が直接登録することも可能ですので、パソコンが扱える利用者には登録の案内をするのもよいでしょう。図書館が登録の具体的方法をサポートできるように準備しておいてください。

　点字図書館は、資料作成については一日の長があり、特に新しいもの、人気のある作家の資料については、ほとんど刊行と同時に作成を開始しています。希望する利用者に対しては、そういった資料をかつてのように長く待たせることなしに貸出することができるようになりました。2009年の著作権法の改正により、資料を複製して利用者本人のものにしても問題ありませんので、何度も同じ資料の貸出を希望する利用者には資料そのものを差し上げるという方法もとれます。

　まだどこも作成していない資料をリクエストされた場合、あるいは地域資料のようにその図書館だからこそ所蔵している資料の音声版については、図書館自身で製作することができれば「ありません、ご用意できません」とお断りすること

なく利用者のニーズを満たすことができます。しかし，製作には職員のスキルと高い技術の図書館協力者が必要ですから，どこの図書館でも行えるわけではありません。

　求められた資料の音声版が見当たらない場合，都道府県立図書館に製作体制が整っていればそこに頼るのもひとつの方法ですし，内容によっては国立国会図書館の学術文献録音サービスを申し込むことも考えられます。利用者が音声出力のできるパソコンを持っているのであれば，テキストデータや点字データを提供して，音声読み上げの機能を使って内容を理解してもらうことで，要求を満たせる場合もあります。また，来館可能な利用者であれば対面朗読で対応することも考えられます。自館製作をしていなくても，資料提供を最初からあきらめるのではなく，いろいろな方法を検討してください。

(3)　マルチメディアデイジー

　デイジーは，当初は視覚障害者のための音声資料（音声デイジー）を指すものでしたが，その後の開発によりマルチメディアデイジーやテキストデイジーが加わり，現在ではすべてを総称してデイジーといいます。デジタル録音図書の国際標準規格です。対象とする障害者も，視覚障害者のみならず，ディスレクシアなどの認知の障害，パーキンソン病，高次脳機能障害，本を持ちページをめくれない上肢障害，さまざまな心身の条件のために紙に印刷された出版物を読むことが困難な障害（プリントディスアビリティ）がある人々も使える資料として開発が進められています。

　次世代の「DAISY4」になると，世界中の言語に対応するこ

とになるので，日本語の縦書き・ルビ等の形式にも対応可能です。また，数式や図表などを含む科学技術文献の合成音声による自動読み上げや，手話などの動画との同期にも対応する仕様になっています。今後の実装に向けた開発が期待されます。

① マルチメディアデイジーの特長

マルチメディアデイジーの特長は，次のような点にあります。

ア　ナビゲーションの機能

紙の本のように，目次やページを使って文書内の好きなところに自由自在に飛べる機能です。この機能は，アクセシビリティの観点からもとても重要です。

イ　調整機能

マルチメディアデイジーの音声部分は，肉声と合成音声の両方で読み上げるように製作することができ，利用者は好きなほうを選択できます。また，テキストと音声を含むデイジー規格のコンテンツを1つ作れば，再生環境側で次のような調整が可能となります。

・文字の大きさ
・カラーコントラスト等の見え方
・読み上げのオンとオフ
・ハイライトのオンとオフ
・読み上げのスピード
・点字による表示の有無

最近では，ルビありとルビ付きの選択ができる再生ツールも出てきました。

ウ　音声とテキストと画像の同時表示

　マルチメディアデイジーでは，読み上げている部分のテキスト（文字）がハイライト表示されるので，どこを読んでいるかわかり，読むことが困難な人の理解を助けます。

　エ　無償のオープンスタンダード

　デイジーは無償の国際標準規格で，その仕様は公開されています。そのため，誰でも自由に製作や再生のツールを開発することが可能です。その結果，利用者はパソコン・スマートフォン・タブレット・専用再生機などの幅広い選択肢から，自分の環境に合わせた再生ツールを選ぶことができます。

　②　マルチメディアデイジーの入手方法

　マルチメディアデイジーは，音声デイジーに比べると，販売されているものも製作されているものも大変少ないのが現状ですが，以下の団体から無料あるいは実費で入手可能です。また，著作権法第37条第3項で製作されているものは，他の障害者サービス用資料と同様に，国立国会図書館サーチやサピエ図書館で検索し，資料を入手することが可能です。

　ア　公益財団法人日本障害者リハビリテーション協会

　無料でサンプルをダウンロードできるサイト「DAISYファクトリー」があります。個人ではなく図書館で所蔵し貸し出す場合は，有料版を購入することになります。

　同協会は，著作権法第37条第3項の政令指定団体としてマルチメディアデイジーを製作し，視覚障害等の印刷物を読むことが困難な人を対象に実費で頒布しています。また，そのような制約がなく，誰もが利用できるマルチメディアデイジーも販売しています。

http://www.dinf.ne.jp/doc/daisy/book/index.html

　イ　公益財団法人伊藤忠記念財団

　この財団では，2010 年より児童書のマルチメディアデイジー化を進め，障害のある子どもたちを主な対象とした読書支援事業を行っています。児童書をマルチメディアデイジーにしたものを「わいわい文庫」と名づけ，全国の学校（特別支援教育），図書館，医療機関等へ無償で提供しています。

　https://www.itc-zaidan.or.jp/summary/ebook/waiwai

　ウ　日本ライトハウス

　日本ライトハウスでは，著作権法第 37 条第 3 項に基づき児童・生徒のためのマルチメディアデイジー図書・教科書等を製作，提供しています。

　http://www.lighthouse.or.jp/iccb/library/index_library/index_mmd/

　エ　多言語絵本の会 RAINBOW

　東京・目黒区の「多言語絵本の会 RAINBOW」は，日本の絵本をさまざまな外国語に翻訳・録音してインターネットで公開しています。翻訳している言語は，英語や中国語をはじめ，スペイン語・インドネシア語・タガログ語など 20 にのぼります。製作したマルチメディアデイジー絵本は，前述の日本障害者リハビリテーション協会が提供している「ノーマネット」から無料でダウンロードできます。日本語を母語としない人たちが楽しめるものになっています。

　http://www.normanet.ne.jp/services/download/rainbow.html

写真　『ごんぎつね』再生画面[1]

（4）　テキストデイジー，テキストデータ

①　テキストデイジー

　テキストデイジーは，テキストデータ（文字）に見出し情報やページ情報等の文書構造を付加したデジタルコンテンツです。コンテンツによっては画像が挿入されているものもあり，形態としては一般のリフロー型電子書籍に近いといえます。ナビゲーション機能を持っていますので，見出しやページ単位でコンテンツ内を移動できます。

　視覚障害者等は，テキストデイジーに対応するデイジー再生機や，パソコン等のデイジー再生アプリケーションで，音声デイジーと同等の操作で利用できます。耳で聴く場合は音声合成機能で読み上げさせ，目で読む場合は文字サイズや画面の配色を変えて読みやすく調整できます。再生アプリケーションによっては読み上げている個所をハイライト表示させることもできるため，外見上はマルチメディアデイジーに似

ています。マルチメディアデイジーとの大きな違いは，音声データが含まれていない点です。視覚・聴覚での利用のみならず，点字ピンディスプレイや点字 PDA（携帯情報端末）を使用して，自動点訳による点字として読むこともできます。合成音声で読み上げる際に漢字等を読み誤ったり，アクセントが不自然になったりするという欠点はありますが，再生アプリケーションによっては，漢字等の詳細情報を 1 文字単位で読み上げさせて確認することが可能です。

　製作はおおむね次の手順で進められます。まず，原本をスキャナーで画像データにします。次に，画像データを OCR（光学文字認識）ソフトウェアでテキストデータに変換します。その際，程度の差はありますが文字・記号の誤認識が発生しますので，変換後には校正が必要となります。そして，テキストデータを製作ソフトウェアに取り込み，デイジー形式に編集します。こうした一連の作業には，点訳や音訳の際の専門技能を必要としませんので，資料の内容にもよりますが，他の資料形態よりも迅速な提供が可能です。

　日本においてテキストデイジーが提供され始めたのは，2010 年 1 月に改正著作権法が施行されてからのことです。音声デイジーより後発であることとニーズが限られているため，まだ提供されているコンテンツも製作団体も多くはありません。最大の提供元はサピエ図書館で，2021 年 3 月末時点で全国の視覚障害者情報提供施設（点字図書館）等が製作した約 1 万点のデータを，インターネットで配信しています。

　テキストデイジーは，社会生活に必要な資料や話題の書籍をとにかく早く読みたいというニーズに適したデジタルコンテンツとして注目されています。サピエ図書館では，コンテ

ンツ数こそまだ少ないものの，話題の新刊書が提供されることが多いため，近年利用者が着実に増加しています。日本点字図書館では，2013年10月より日本IBM株式会社・東京大学等の協力を得て，「アクセシブルな電子書籍製作実験プロジェクト」（通称：みんなでデイジー）を開始しました。このプロジェクトは，テキストデイジーのリクエストによる製作と，製作スピードの迅速化を目的にしています。OCR処理時の誤認識をクラウドソーシングの仕組みで共同校正することによって，製作期間の大幅な短縮を図っています。2015年4月からは国立国会図書館の協力のもとで行われ，2021年3月末までの間に，主に現役世代の利用者から寄せられた約570タイトルのリクエストに応えてきました。教材や実用書，時事問題に関する書籍がリクエストの多くを占めていることから，テキストデイジーに適した用途や分野がうかがわれます。

② テキストデータ

障害者サービス用資料としてのテキストデータは，多くの場合，文字情報と最小限の制御コードのみで構成されるプレーンテキストです。デイジーのように専用の再生機やソフトウェアを必要としませんので，一般的なテキストエディタで開くことができます。支援技術と組み合わせることで音声合成による読み上げ，拡大表示，点字への自動変換等ができる点はテキストデイジーと同様ですが，ナビゲーション機能がないため，文書内の移動にはテキストエディタの検索機能等を使うことになります。文字列の検索やコピー，編集等が容易に行えるため，受動的読書のみならず，調査研究や論文執筆といった能動的用途にも適しています。ICTスキルのある

視覚障害者等にとっては，最もシンプルで汎用性の高いデジタルデータといえます。

　最近は，書籍を購入した視覚障害者等に出版社がテキストデータを提供するという例もありますが，そうした配慮事例はまだまだ少ないのが現状です。そのため多くの場合，テキストデータを手に入れるにはテキストデイジーと同じく，原本のスキャンと OCR 処理，校正といった作業が必要になります。しかし，デイジー編集の作業は必要ありませんので，テキストデイジーよりもさらに迅速な提供が期待できます。

　このように，テキストデイジーやテキストデータの製作には高度な専門技術は必要ありませんが，原本の写真や図表，グラフ等を文章で説明したりリライトしたりする際には，点訳者や音訳者の音声化の技術（図表を音訳するための原稿作成等）が役立ちます。

　さらに一部の大学図書館は，改正著作権法施行以降，テキストデータの提供に取り組み始めています。『令和元年度（2019 年度）大学，短期大学及び高等専門学校における障害のある学生の修学支援に関する実態調査結果報告書』（独立行政法人日本学生支援機構　2020 年 3 月）によると，障害学生への修学支援を行っている全国の大学 799 校のうち 121 校が，障害学生に対して教材のテキストデータ化による支援を実施しています。国立国会図書館の「視覚障害者等用データ送信サービス」では，2021 年 5 月末時点で 329 点のプレーンテキストを収集・提供しています。これらの多くは立命館大学図書館や筑波大学附属図書館，国立国会図書館が製作した学術文献です。今後，いっそうのデータ収集と他機関への拡大が期待されます。

コ ラ ム

··

AccessReading
（アクセスリーディング）

（1）　AccessReading とは

　AccessReading は，読むことに障害のある児童・生徒へ，アクセシブルな教科書電子データ（音声教材）を作成・配信するオンライン図書館です。東京大学先端科学技術研究センター人間支援工学分野が，同センター図書室とともに運営しています。

　視覚障害，肢体不自由，学習障害等の障害のある児童・生徒は，視力・身体面・認知面の制限から，印刷物の教科書や教材を扱うことが難しい場合があります。公平な教育の機会を保障するために，障害のある児童・生徒の教科書や教材等へのアクセスを保障する配慮が求められ，そのために ICT 利用が不可欠となるケースがあります。こうした課題に対応するため，AccessReading は，文部科学省の検定を受けた小学校から高校までの教科用図書（教科書）を電子化して，インターネットを通じて配信しています。

（2）　AccessReading の特徴

　音声教材は，紙の教科書と同内容の文章と画像を使用して作成しています。現在，データのファイル形式は Microsoft Word で開くことができる DOCX 形式と，電子書籍ファイル形式の国際標準である EPUB 形式の2種類を使用しています。どちらのデータも，パソコンやタブレットにもともと備わっている機能を使用して，文章の読み上げや，文字のフォントや大きさ，ページの色等の変更を行うことができます。読むことに困難さがある児童・生徒の中には，目で読むよりも音声読み上げで聞いたほうが内容が理解しやすい場合や，フォントを変更したり，背景色を変更することで，教科書の内容が読みやすくなる場合もあります。特定の機器に限定されず，さまざまな機器に付属しているアクセシビリティ機能を使用することで，児童・生徒それぞれのニーズにあわせて読みやすさを調整することができるのが，AccessReading

の特徴です。

(3) 自立した学習に向けて
　AccessReading を活用することは，教科書のみならず，その他の書籍や情報に触れるスキルの獲得につながると考えています。教科書は1つの教材にすぎず，実際には児童・生徒はその他のまわりにある教材を読む必要もあります。教科書を音声読み上げ機能等で読み，同じ方法で別の教材や書籍も読むことができる。こうした方法を身につけることができれば，自分が折々で必要とする情報を得て，自分で学習を進めていくスキルを得ることにつながります。こうしたスキルは，学習から就労まで，一生使える本人の力となることが期待されています。

(4) AccessReading の入手方法
　AccessReading は現在，児童・生徒，保護者，学校，教育委員会など，さまざまな立場の個人や団体から申し込みを受け付けています。利用にあたって，利用者が費用負担をする必要はありませんが，音声教材を利用するのに必要なパソコンやタブレットなどの機器は，使用される個人や団体で用意をお願いしています。
　申し込みには，AccessReading ウェブサイトから利用申請した上で，データの取り扱いに関する同意書などの送付が必要です。
　利用者手続きの処理を終えたら，AccessReading ウェブサイトにログインする ID とパスワードが発行されます。ログインすると，利用を希望した音声教材のデータをダウンロードすることができます。申請・利用方法については，ウェブサイトに詳述しておりますので，ぜひご覧ください。
　児童・生徒の学びを支える多様な選択肢の1つとしてAccessReading は活動しています。読むことに障害のある児童・生徒が，音声教材を自分で学ぶための道具として活用することで，学びの機会が広がることを願っています。

参考リンク
AccessReading ウェブサイト
　https://accessreading.org/

AccessReading 事務局
Tel/Fax:03-5452-5228
(受付：平日金曜日 13 時〜17 時 30 分)
e-mail:info@accessreading.org

(5) 拡大文字資料

① 拡大写本

　従来，拡大文字資料は，「拡大写本」という手法で製作されてきました。拡大写本とは，拡大写本ボランティアが，フェルトペンなどを使い，プライベートサービスとして 1 冊ずつ手作りし，必要とする人に届けてきたものです。

　パソコンが普及するようになってからは，デジタル編集による拡大写本も一般的になってきました。

　拡大写本という作業には，膨大な手間や大量の紙を使います。また，拡大写本ボランティアのほとんどが教科書製作に従事しているため，図書館でのサービスとなかなか結びついていかない事情もありました。

　2008 年に制定された「障害のある児童及び生徒のための教科用特定図書等の普及の促進等に関する法律」(「教科書バリアフリー法」) により[2]，いわゆる拡大教科書は，小・中学校の検定教科書を発行する教科書会社自身が製作するようになりましたが，2017 年現在，高校の教科書では拡大教科書はほとんど発行されていませんし，文字サイズも 3 種類 (18 ポイント・22 ポイント・26 ポイント) に限定されているため，拡大写本ボランティアによる教科書の拡大写本作成は，今でも行わ

れています。

　また，これまで拡大写本を必要とするのは，視覚障害者の中でも弱視の人が対象であるといわれてきましたが，同様のニーズは，たとえば読み書き障害（ディスレクシア）など，一般の書籍を読むことが苦手な人たちにも存在することがわかってきています。

　なお，教科書だけでなく，「ふきのとう文庫拡大写本グループ」（北海道）など一部の団体は，漫画を含む児童書の拡大資料製作を継続して行っています。

②　拡大写本製作の留意点

　拡大文字資料を製作するにあたっては，読者の見え方がその人の目の状態によってそれぞれに異なることを考慮して，以下のような個々のニーズに可能な範囲で応えていくことが求められます。

　ア　文字サイズ
　何ポイントの文字が読みやすいか
　イ　文字間，行間の調整
　どれくらいの文字間，行間だと読みやすいか
　ウ　フォント（書体）
　どのフォントを使うと読みやすいか
　エ　組方向
　縦組・横組どちらの組み方が読みやすいか
　オ　用紙，配色
　たとえば，クリーム色のマット系（つや消し）の紙を使ったり，白黒反転などコントラストの強い紙面にしたほうが読みやすいかどうかなど（感覚過敏のある読者の場合，逆にコントラ

ストの弱い配色を好む場合もあります）

　しかし，近年，資料を OCR などのソフトウェアを使って
デジタル化することが容易になってきたため，拡大写本の課
題は「資料のデジタル化」によって解決していく可能性が高
くなっています。

　また，これまではボランティアが資料のデジタル化および
レイアウト調整まで行っていましたが，これからは資料のデ
ジタル化のみ図書館が行い，レイアウト調整についてはアク
セシビリティが確保されているアプリケーションやブラウザ
などで，読者自身に任せるということが主流になっていくも
のと思われます。

③　大活字図書

　その一方で，拡大文字資料を出版していこうという動きは，
1970 年代から始まりました。しかし，当時はまだ活版印刷に
かわる写真植字（写植）による組版が始まったばかりで，写植
による組版は文字組だけで大きなコストがかかり，なかなか
出版点数は増えませんでした。

　1990 年代からパソコンによる DTP（Desktop Publishing）が普
及し始め，フォントの種類も増えてきたことから，拡大文字
資料の出版に向けた技術的な要素は整っていきました。

　1996 年，弱視当事者であり，日本図書館協会の障害者サー
ビス委員会委員でもあった市橋正晴氏が創業した株式会社大
活字は，多くの弱視者が読みやすいとされる 22 ポイント・ゴ
シック体の大活字図書の製作を DTP 組版により行い，主に
公共図書館を対象に販売を始めました。

　すでに 1980 年から社会福祉法人埼玉福祉会が 14 ポイン

ト・明朝体編集による大活字図書の出版を続けていましたので、それらの本を所蔵するコーナーとして、「大活字図書コーナー」が多くの公共図書館に設置されるようになりました。

　日本図書館協会の図書館利用に障害のある人へのサービスに関する調査によると、1989 年の段階で、大活字図書を所蔵していると答えた図書館はアンケートに回答した 1,243 館中 639 館でしたが、1998 年の調査では、2,326 館中 1,317 館にまで増えています[3]。

　これまでの大活字図書は、そのほとんどが視力の衰えた高齢者を意識した選書になっていましたが、2009 年から株式会社講談社が 1 冊単位で印刷が可能な技術であるオンディマンド印刷を活用した「大きな文字の青い鳥文庫」の出版を開始し（販売は有限会社読書工房）、児童書のタイトルも増えてきました。

写真　大きな文字の青い鳥文庫（左）と青い鳥文庫（右）の比較

④　電子書籍の活用

　大活字図書はもともと弱視の人の最大公約数の見え方を基準として，主に22ポイント・ゴシック体，縦組で編集されている本が多いのですが，それではまだ読みにくい人たちもいます。

　そこで，これからの図書館利用に障害のある人へのサービスとしては，電子書籍の活用も大いに検討すべき課題だと思います。

　公共図書館をはじめ，学校図書館，大学図書館が，電子書籍の閲覧サービスを導入することについて検討する際には，②で紹介したこれまで拡大写本の利用が有効とされてきた弱視の人，あるいは読み書き障害のある人が利用することも前提として，読者自身の見え方に合った細かいカスタマイズができるかどうかをチェックする必要があります。

(6)　やさしく読みやすい本　リライト

　リライトは，読むことと理解することが困難な人のために，原文をわかりやすく書き直していくことです。わかりやすく書き直しをした図書は，スウェーデンではLLブックと呼び，それ以外の国では読みやすい（Easy-to-read）図書と呼ばれています。

　この読みやすい図書を必要とする人は，生活年齢に比べて，認知，言語，社会性，運動などの能力の発達が遅れている知的障害を持つ人が中心となります。また，その他に自閉症スペクトラム，視聴覚や動作などの障害を持つ人，手話を第一言語とする聴覚障害者，ディスレクシアなど学習障害がある人，高齢者，認知症の人にも有効であると考えられています。

さらに，障害がなくても，日本語を母語としていない外国人にはわかりやすい資料が役に立ちます。

著作権法では，リライトではなく「翻案」という言葉が使用されます。日本においては，著作権法第37条により視覚表現の認識に障害がある者に対し，図書館等で彼らのニーズに合わせて，著作者，出版社の許可なく，翻訳，変形または翻案が認められています。つまり，翻訳，翻案によって文章をわかりやすくすることができます。文字を手話で翻訳することも可能になります。変形においては，文章を書き直すというよりも原本はそのままで，マルチメディアデイジー化，拡大写本製作における文字の色やフォントの色や白黒反転などの文字の変形が考えられます。わかりやすいシンボルや記号の追加も，リライトに含まれます。

ただし，第37条では，外国人は対象外です。そのため，著者や出版社が，本を出版すると同時に自らリライト版を刊行することも重要です。

リライトは，一般的なニーズに合わせて行う場合と，個々の特別なニーズに対応して行う場合があります。いずれの場合も，著作者の思いをできるだけ反映しながらリライトをする必要があります。具体的には，次のような点に配慮します。

ア　主語が明確であること。

イ　年齢相応の日常使っていることばに置き換える。

ウ　1つの文章には，1つの事柄に限る。

エ　必要に応じて要点がわかるように，シンボルなどを追加する。

オ　絵だけではわからない場合，簡単な文章を補う。

カ　必要に応じて，あらかじめ，あらすじ，登場人物，日

106

常的でない言葉などを解説しておく。

さらに，文字の大きさと書体，行間およびカラーデザインの調整を行う等です。

また，印刷版の刊行だけではなく，音声・マルチメディアデイジー・EPUB 形式のアクセシブルなデジタル出版も考えられます。詳しくは，日本図書館協会障害者サービス委員会監修「図書館等のためのわかりやすい資料提供ガイドライン」（日本図書館協会　2017）を参照してください。

(7)　やさしく読みやすい本　LL ブック

LL ブックの LL とは，スウェーデン語の Lättläst（わかりやすくて読みやすい）の略です。したがって，LL ブックとは，「わかりやすくて読みやすい資料」という意味になります。

「わかりやすくて読みやすい資料」と聞くと，絵本や児童書も LL ブックに含まれるのではないかと思われる人もいますが，違います。LL ブックは，乳幼児や小学生などの子どもを対象とした資料ではありません。知的障害などのために読むことに困難を伴いがちな中学生以上の青年（ヤングアダルト層）や成人を対象に，生活年齢にあった内容を「わかりやすくて読みやすい」形で提供しようというのが LL ブックの趣旨です。

LL ブックには，必ずしも決まったスタイルがあるわけではありません。ただし，①わかりやすくて読みやすい文章，②文章の意味を示す絵記号（ピクトグラム），③イラストや写真からなるスタイルがスタンダードなものとして知られています（写真）。

LL ブックは，今から 50 年ほど前にスウェーデンで作られ

タカと　ハルは、おなかが　すいたので、
おべんとうを　たべました。
ふたりの　大すきな　おかずも
はいっています。

タカ:「からあげ　おいしいなぁ」
ハル:「えびフライも　さいこう！」

ふたりとも　おなかが　いっぱいに
なりました。

ひる　　　タカ　　　ハル　　　べんとう　　たべる　　おいしい

17

写真　LL ブックの例[4]

始めました。ノーマライゼーションを実現するためには，障害者であっても「知る権利」が平等に保障されなければなりません。知的障害者の場合,「わかりやすくて読みやすい」形での資料や情報の提供がなされなければ,「知る権利」を実質的に保障したことにはなりません。そこで始まったのが LL ブックだったのです。スウェーデンではいまや，LL 新聞も発行されています。

　LL ブックは現在, 世界のさまざまな国々に広がっています。LL ブックを集めた棚やコーナーを設ける公共図書館もあります。

　日本では，2000 年代以降，副題やシリーズ名に LL ブックを明示した図書が出版されています。しかしながら，そのタ

イトル数は，2017年3月現在でも20タイトル程度にすぎません。LLブックとの明示はないものの，LLブックに相当する意図や内容をもって出版されている図書を含めても60タイトル程度です。しかもこのうちの3分の1は，すでに絶版となっていて入手が難しい状況にあります。

2010年に国立国会図書館が実施した『公共図書館における障害者サービスに関する調査研究』では，公共図書館におけるLLブックの所蔵率は2.8％でした。2016年に専修大学の岡田真帆らが実施した同種の調査（参考文献参照）では，21％と大きく上昇しています。しかし，前述した出版状況とあわせて考えると，所蔵するタイトル数の少なさは容易に想像がつきます。

今後，図書館における所蔵率と所蔵タイトル数の増加を図るためには，入手可能なLLブックを増やすこと，言い換えると，LLブックの出版を促進していくことが不可欠です。図書館界として，出版界への不断の働きかけが大切になります。

(8) ピクトグラム
① ピクトグラムとは

ピクトグラムとは，単語の意味をわかりやすい絵で表現した目で見る言葉の記号です。普段の会話でよく使う「わたし」「おかあさん」「ねこ」などの人物や動物，「パン」「カレーライス」「コーヒー」などの食べ物や飲み物，「コップ」「くつ」などの日常使うもの，「歩く」「食べる」などの動作，「うれしい」「かなしい」などの気持ち，「おはよう」「さようなら」の挨拶などの言葉が，よくわかるシンプルな絵で表現されています。

[単語の例]

わたし　　　パン　　　たべる　　　うれしい

[文章の例]

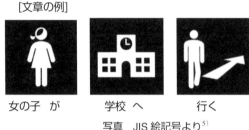

女の子　が　　　学校　へ　　　行く

写真　JIS 絵記号より[5]

品詞で分類すると，名詞，動詞，形容詞などで構成されています。シンボル，絵文字，絵記号などとも呼ばれています。1つのピクトグラムが1つの単語を表すので，ピクトグラムを並べて，文章をつくることができます。

② ピクトグラムの使用目的

ピクトグラムを使う主な目的には，次のようなことがあります。

ア　話すことができない人が，話し言葉の代わりにピクトグラムを指さしてコミュニケーションをとります。

イ　話し言葉を理解することが苦手であったり，耳から伝えられる情報を理解することが苦手な人に，視覚的に情

報を提示するために使用します。

ウ　文字の読み書きが難しい人に，ピクトグラムを使って，
　　文字や文章の理解を助けます。

ア～ウの支援を必要とする人は，知的障害，自閉症，脳性
麻痺などの身体障害，失語症，認知症などの障害がある人と，
日本語が未習得の外国人などです。

③　図書館で使用されるピクトグラム

図書館に関連するピクトグラムの使用の例を具体的に紹介
します。

ア　わかりやすい資料

前項の LL ブックには，わかりやすい文と文字を使う，写
真やピクトグラムや絵などの視覚イメージ情報を使う，音声
コード，マルチメディアデイジーなどの音声情報を使うなど
の特徴があります。日本では，まだ LL ブックが多く出版さ
れていないため，図書館の資料としても十分利用されていな
い状況です。LL ブックを購入するときに参考になるリスト
が近畿視覚障害者情報サービス研究協議会（近畿視情協）の
URL[6)]にあります。

ピクトグラムがついたスウェーデンの LL ブックでその役
割を説明します。『山頂にむかって』（スティーナ・アンデショ
ン文，エバ・ベーンリード写真，藤沢和子監修，寺尾三郎訳　愛育社
2002）は，知的障害者のグループが，スウェーデンの大自然の
中を，テントをもって山頂を目指すお話です。途中で嵐にあ
って山頂までたどりつけませんでしたが，みんなで助け合い
励まし合って登った道中が，ピクトグラムと絵と文で表現さ
れています。掲載したページにある「昼」のピクトグラム 3

写真 『山頂にむかって』

つと,「夜」のピクトグラム 2 つが, 2 泊 3 日を表しています。
文の要旨を, キーワード的にシンボルで表現することで, 内
容がわかるように作られています。

　　イ　わかりやすい図書館利用案内

　図書館利用案内をわかりやすくした版です。「図書館って
どんなところ?　だれが利用できるの?　何ができるの?」
ということが, ピクトグラムと写真を使って作られています。
これは, 近畿視情協 LL ブック特別研究グループによって製
作された LL 版図書館利用案内「ようこそ図書館へ」[7] のひな
型を元に, 大阪府吹田市立図書館により製作されたものです。

112

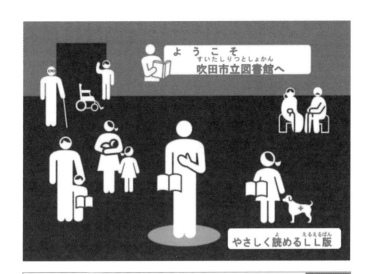

 わからないことや　こまったことが　あったときは

借りたい本、ざっし、ＣＤや　ＤＶＤが　見つけられないとき、
何を　借りたらいいのか　わからないとき、
借りる　方法が　わからないときは、
図書館の人に　たずねましょう。

写真　吹田市の利用案内

ひな型は，知的障害者の意見を取り入れて製作されました。

　ウ　コミュニケーションボード

　話すことが難しい障害者や外国人等に対応するために，窓口で使用する言葉をピクトグラムで並べたものがコミュニケーションボードです。伝えたいピクトグラムを指さして使います。たとえば，「借りる」「DVD」のピクトグラムを指さして，DVD を借りたいことを伝えます。これを取り入れている図書館はまだ少ないですが，障害者等とコミュニケーションをする基本的なツールとして，今後普及することが期待できます。

(9)　布の絵本

　①　布の絵本とは

　布の絵本は，「絵本＋遊具・教具」です。単に布地に絵を描いたり，刺繍をほどこしたりしたものではなく，布地やフエルト・ヒモ・スナップ・ファスナー・マジックテープ・ボタンなどを用い，遊びの中で，はずす・はめる・ひっぱる・おしつける・ちぎる・あわせる・ほどく・むすぶなどの作動学習を行う，絵本と教具・遊具の働きを兼ね備えた本です。

　布の絵本は聴覚・触覚・視覚・手足の運動・情緒など，さまざまな障害をもつ子どもたちのために作られています。また，その遊具性から，子どもの自発性・積極性を高める，集中力を刺激し観察力を養う，手や指の作動感覚や応用力を発達させ道具の使用を身につける，等の効果があるといわれています。0 歳からのすべての子どもの発達に有効な資料です。

　多くの作品は手作りで，ボランティアグループなどが製作していますが，商品として製作・販売されているものもわず

かにあります。偕成社からは，1978年より布の絵本・遊具の作り方の本が発行されています。

②　布の絵本の始まり

　布の絵本に初めて組織的に取り組んだのは「ふきのとう文庫」の創設者，小林静江です。1973年，北海道の小樽市立病院小児科に「障害をもつ子どもにも発達があり，文化を享受する権利がある」という信念のもと，入院児対象の文庫を設立し，1975年から「布の絵本」製作を始めました。健常児を利用の中心としていた図書館・文庫の時代に，入院児・障害児を対象に文庫を創設し，全国各地の施設・病院にふきのとう文庫の支部を設置していったのです。

　1979年には「布の絵本研究連絡会」（事務局：偕成社）が設立され，東京等で「布の絵本・さわる絵本展」が開催されました。これを契機に，1986年まで東京，名古屋，大阪，沖縄で「ふれあい広場」と名称を変えながらも毎年開催されたことで，布の絵本が全国的に普及しました。

　国際的には，1981年の国際障害者年に，国際児童図書評議会（IBBY）のミュンヘン国際児童図書館で開催された「障害児のための図書展」に，日本から布の絵本・触る絵本が展示されました。各国からの参加者の感動，反響は日本の予想を越えるものであったと聞いています。以来IBBYの「世界のバリアフリー児童図書展」に毎回，日本からは手作り布の絵本が選考され，国際巡回展で紹介されています。海外の図書館では市販の布の絵本が多く用いられています。

③　公共図書館における製作と補修

　布の絵本の製作講習会は従来，社会福祉協議会や公民館の主催で行われてきましたが，現在では図書館も積極的に取り組むようになってきました。

　図書館で製作する場合，利用対象を障害のある子どものみとするのであれば，著作権法第 37 条第 3 項で作成することができますので許諾は必要ありません。誰でも利用できるものを製作する場合は，オリジナル製作のものを除き，著作権者の許諾が必要です。具体的には，出版されている絵本を布の絵本にする場合，「布の絵本の作り方」本から製作した場合，あるいはすでに製作されているグループの布の絵本を製作する場合も「原作グループ名」「原作者名」は明記する必要があります。

　なお，図書館で製作する場合，製作そのものはボランティアが行うことが多いようですが，最低限材料費は図書館で負担する必要があります。年間に必要な材料代を予算化しているケースと，完成品を買い取るケースがあるようです。

　布の絵本製作ボランティアの役割は，製作と補修です。基本的に取り外せる部品は 2，3 点予備を作っておきます。

　布の絵本は子どもたちが使用するにつれ，汚れたり壊れたり，部品がなくなってしまうこともあります。紫外線を用いたクリーニング機もありますが，水洗いは縮んだり変形したりしてしまいますので適していません。汚れたり壊れたりしたものは，その部分のみを再度作り直して使用します。

（1990 年に設立された東京布の絵本連絡会は，情報交流，作品の向上，布の絵本の普及を目的に活動しています。現在，全国 150 余りのグループと，隔年で新作を中心に作品展示と情報交流をしています。）

116

（10）　触る絵本

　触る絵本とは，文字どおり触って読む本，触ることを楽しむ本を指します。ちなみに『図書館情報学用語辞典』（第5版，丸善　2020）で調べてみると，「視覚障害児が触覚で鑑賞できるように，絵本を原本にして，布や皮革，毛糸などの素材を用いて，台紙に絵の部分を半立体的に貼り付け，文の部分を点字と墨字にした図書，手で見る絵本，指で読む本と呼ぶこともある」とあります。そもそもは1974（昭和49）年に東京都品川区のボランティアグループ「むつき会」が，見えない子も実物を想像できるように，鳥の絵に羽を貼り付けたり，目の部分にビーズを付けたりして工夫した本を作成したことが始まりです。立体的に作られた部分を触って形や大きさを理解したり，材質の手触りの違いによって描かれたものを楽しむことができます。さらに，果物の絵本で香料を染み込ませた粒子をつけて，触るとそのものの匂いが香る「におう絵本」も生み出しています。

　触る絵本は子どもに与えておしまいではなく，大人からのさまざまな支援が必要です。子どもがこれまでに見たことのないものを，触っただけで理解することは非常に困難です。はじめのうちは絵本を開いた傍らに寄り添い，見落としのないように，手を添えて，見開き全体を触らせます。登場人物の特徴，形をつかめるように言葉を添えます。そうやって慣れてくると，たとえば小さな雨粒，大きな雨粒，斜めになった雨粒を触って，情景がわかるようになります。繰り返し読むうちに，1人で楽しめるようになります。そのため，成長の過程に応じて触る絵本の役割も変わっていきます。

① つるつる・ざらざらの感触

乳児期から楽しめる絵本が必要です。ある程度経験を積んでくると，見える子どもは触る前に見て感触を想像しますが，見えない子どもはそれができません。この時期の多くの見えない子どもは，痛かった記憶，熱かった記憶等，マイナスのイメージが指先に残っているので，触ることに臆病になっています。その点，触る絵本は心地よいさまざまな感触を味わいながら，お話が膨らみます。手触りが子どもたちの心を癒やしてくれ，触ることが楽しくなります。

② 形を触る

たとえば，『これ，なあに？』（イエンセンとハラー作，きくしまいくえ訳　偕成社）ですが，この本には点字はありません。絵だけの触図になっています。誰かと一緒に読んで，自分でも物語を作ります。手の中で広がる感触と形，触ることに慣れてきた子どもたちは，触ることによって情景が浮かんでき

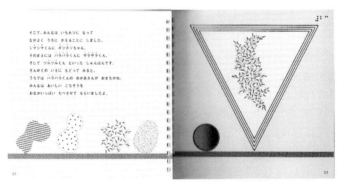

写真　『これ，なあに？』

118

ます。そして絵本を通して，物語の世界に入り，絵本を楽しむことができるようになります。

　その他，隔月刊行の手で見る学習絵本『テルミ』（日本児童教育振興財団　小学館）には，子どもたちの大好きな「めいろ」が連載されています。「めいろ」で遊びながら，点字を読む際の「行たどり」の感覚を養っていきます。

③　点字付き触る絵本

　点字付き触る絵本は目が見える見えないに関係なく，みんなで一緒に絵本を楽しみたいという思いから生まれた絵本です。原本の絵はそのまま印刷され，文字は弱視の子どもが読みやすい大きさ，読みやすいフォントになっています。樹脂インクや，発泡インクで盛り上げて，点字と触図も印刷され

写真　点字付き触る絵本

ています。

　以上のような段階を経て，触る絵本を楽しむうちに，指先からさまざまな情報を得る力が育まれていくのです。

　今のところ，出版されているものはまだまだ少ないのが現状です。しかし出版物として流通しているということは，全国どこでも入手が可能であるということです。地域の図書館に，町の書店に，目の見えない子どもも読める本が存在するチャンスが広がっているということになります。これは，当事者の必要を満たすだけでなく，相互理解の観点からも大きな意味があります。今後のさらなる広がりに期待したいところです。

（11）　字幕・手話付き映像資料

　字幕・手話付き映像資料は，聴覚障害者が映像資料を利用する上で2つの意味で重要です。

　第1にテレビや映画，インターネット映像などのメディアの情報や，DVDなどのパッケージ媒体（以下，「DVD等」）の情報には，音声情報が大きな比重を占めています。しかし，聴覚障害者にとっては，音声情報は理解しにくいので，それを補完した字幕・手話付き映像資料を提供する必要があります。テレビ放送では「字幕放送」といって，音声に字幕を付けた放送を行っていますが，すべての番組に付いているわけではありません。映画やインターネット映像などのメディアやDVD等も同様です。

　第2に重要なのは，文章を読むのが苦手で，手話を日常的に使用する聴覚障害者（ろう者）には，「活字出版物」からの情報よりも，視覚に訴えた手話などによる映像情報のほうが，

負担が少なく内容を理解することができる点です。聴覚障害者の読みの困難さについては，1.2(2)「聴覚障害」を参照してください。

　現在販売されている DVD 等にも，字幕付き映像資料として字幕が付いているものがあります。しかし，これが聴覚障害者が見ることを考慮した字幕になっているとは限りません。聴覚障害者に配慮している字幕とは，画面上の話し手が誰なのかがわかるように，話し手の名前を字幕の頭に付けたり，話し手ごとに字幕の色を変えたりしているものです。また，ドアのノック音や足音などを表示して，話の展開がわかるように工夫されています。さらに，見てすぐにわかるよう，字幕の文字数の調整が適切に行われています。

　手話による映像資料には，大きく 2 つのスタイルがあります。1 つは，手話通訳の画面が，画面の一部に映されている「ワイプ」と呼ばれるスタイルです。もう 1 つは，画面に登場する人自身が手話で話すスタイルです。こちらのほうが，見ているろう者にはわかりやすいようです。理由として，本体画面の一部の小さな画面（ワイプ）の手話は読み取りにくいからです。また，これは字幕も同じですが，手話・字幕と本体画面の両方を同時に見なければならないので，利用者の負担になります。

　画面に登場する人自身が手話で話すほうが，話し手だけを見ればよいのでわかりやすくなります。また，音声を手話に翻訳したものではなく，ろう者を対象に初めから手話で考えられた映像資料のほうが，音声と手話のテンポの違いを解消できるので，ろう者には見やすくなります。そのため，資料の内容にもよりますが，手話による映像資料を選択，制作す

る場合は、登場する人自身が手話で話しているものを優先したいものです。

　最近では、手話や字幕を付けた映像資料を作る図書館も出てきました。大阪の枚方市立中央図書館では、映像に手話や字幕を挿入、編集して字幕・手話付き映像資料を制作しています。図書館内に、ビデオカメラやモニターテレビ、字幕・手話挿入機が置かれた撮影スタジオがあります。スタジオといっても放送局のような本格的なものではなく、一部屋を改造した簡単なものです。

　職員だけで字幕を付けるのは大変な作業になります。そこで図書館では、字幕を付ける作業を手伝ってもらう「字幕挿入者」を養成しています。

　枚方市立中央図書館では、聴覚障害者に図書館の案内と利用方法を映像でわかりやすく見てもらうため、登場する人が手話で図書館案内をする、図書館の利用案内 DVD（「聴覚障害者のための利用案内 2009 年改訂版」）を作りました。説明部分は、音声なしで手話と字幕で行われています。出演しているのは、聞こえない職員と手話のできる聞こえる職員、それに図書館ボランティアです。

　東京の八王子市図書館でも、聞こえない職員と聞こえる職員で図書館利用案内を作りました。こちらは音声付きで八王子市図書館のホームページでも見ることができます。

　制作にあたっては、東京の聴覚障害者情報提供施設の支援を受けています。枚方市立中央図書館のような設備がなくても、聴覚障害者情報提供施設の協力を得れば、一般の図書館でもこのような手話・字幕付き映像資料の制作が可能になります。

122

鳥取県立図書館でも「ホンとに役立つ鳥取県立図書館活用術」と題する利用案内を作り，ホームページで公開しています[8]。こちらは，手話のワイプを使っています。

このように，自分の図書館で撮影した映像を元に手話・字幕付き映像資料を制作する場合は，著作権の問題は発生しません。まずは，図書館の利用案内・自治体の広報・郷土資料などを，自前の映像を使い制作してみてはどうでしょうか。

字幕・手話付き映像資料は，通常の図書流通システムにはのらない場合があるので，インターネットなどを使い，こまめに情報収集する必要があります。また，聴覚障害者団体や聴覚障害者情報提供施設，手話による映像資料を専門に制作，販売している会社などから，資料収集のための情報を得ることができます。図書館で提供できる資料の有無を問い合わせてみてください。

（12）　音声解説付き映像資料

視覚障害者が映像資料を利用するために，画像情報を音声で説明することを音声解説といいます。各シーンの限られた時間内で，セリフ等の他の音との重複を避け，しかも内容を理解するのに適切な情報を音声で伝えるナレーションとなります。

DVDやブルーレイディスクに音声解説が収録されているソフトは，600タイトルに及びます（2021年5月現在）。また，2000年～2017年1月に発売された音声解説対応作品は，バリアフリー映画鑑賞推進団体「シティ・ライツ」の運営するブログ「街角の月明かり」で調べることができます。このブログには，シティ・ライツのボランティアスタッフによる音

声ガイド付き DVD の調査結果が公開されています。このデータベースでは，発売日順，ジャンル順，販売会社順などでリスト表示・検索ができます。さらに，「操作レビュー」では，作品の基本情報のほか，ソフトの音声選択のセットアップをどのように行えば，音声解説付きで映像を再生することができるかを，実際に視覚障害者が操作をしながらまとめた「パソコンでの操作手順（メディアプレーヤーの場合）」と，「DVDプレーヤーでの操作手順」をテキストで説明しています。

2016 年 7 月以降の劇場公開作品の一部には，音声解説の再生等を行うことのできるスマートフォン用の無料アプリケーション「UDCast」（ユーディーキャスト）に対応しているものがあります。UDCast 対応作品のほとんどは，DVD 化の際に音声解説が収録されています。そして，ディスクをプレイヤーにセットし，そのまま待っていれば，音声解説付きの本編が再生される仕様になっています。UDCast 対応作品は，開発会社 Palabra 株式会社の管理・運営しているサイトで調べることができます。また 2019 年からは UDCast 同様のアプリケーションである「HELLO! MOVIE」（ハロームービー）に対応する作品も増えました。具体的な対応作品については，アプリ内のリストでご確認いただくか，NPO 法人メディア・アクセス・サポート・センターが管理・運営する「映画みにいこ！バリアフリー映画上映情報」で調べることができます。

これらのバリアフリー DVD が，図書館用として，著作権者（発売・販売会社含む）から使用承認を受ける映像資料かどうかは，株式会社図書館流通センター（TRC）が定期発行している『新着 AV』（年 4 回）で随時案内されているほか，「TOOLi」内の「AV 検索」にて検索・発注ができます。音声解説付きの

DVDかどうかは，全文検索で「視覚障害者」「音声」といったキーワードを入力し，検索されたDVDの目録を1つ1つ見ていく必要があります。

その他，ライブラリーコンテンツサービス株式会社，株式会社BBBなどの民間企業でも，図書館向けの作品を，ジャンル別にわかりやすく紹介しています。新作・人気作品をまとめたカタログも発行されており，ホームページからダウンロードすることもできます。また，ニーズに沿った作品を提案するなど，問い合わせ窓口も充実しています。

（13） シネマデイジー

耳で観る映画，シネマデイジーは，映画のサウンドに登場人物の表情や動作，画面の様子を説明する音声解説[9]を付けてデイジー編集したものです。音声デイジーの再生機で聴くことができ，映像はありませんが録音図書の感覚で映画を楽しむことができます。通常の音声デイジーはモノラルで録音されていますが，シネマデイジーは映画の臨場感が生かせるように，ステレオで録音・編集がされています。

シネマデイジーは，日本点字図書館と日本ライトハウス情報文化センターが，2013（平成25）年より製作を開始し，同年6月には貸出サービス，同年12月にはサピエ図書館からのストリーミング再生やダウンロードが可能となりました。

利用者からは，「簡単に映画が楽しめる」「音声解説があることで，より深く理解することができた」「映画館やバリアフリー上映会には行けないが，シネマデイジーは自宅で楽しむことができる」など好評を得ており，現在では多くの点字図書館や公共図書館でも利用されています。

シネマデイジーを通じて，映画館で観られる音声解説付き映画[10]やバリアフリー上映会，音声解説付き DVD，テレビの解説放送番組への興味と関心を広げ，今後の音声解説の普及へとつなげていくことが期待されています。

① 「サピエ」によるシネマデイジーの利用方法

音声デイジーなどと同様に，「サピエ図書館」からストリーミング再生・コンテンツのダウンロードが可能です。サピエ図書館において，シネマデイジーの書名は，映画のタイトルの前に「シネマデイジー」という語が加えられています。そのため，「シネマデイジー」と入力して検索すると登録されている作品の一覧が出てきます。サピエ図書館へのコンテンツ登録には，審査が必要です。

「サピエ図書館」の現状（2021（令和 3）年 3 月末日現在）

登録コンテンツ数	618 作品
ダウンロード数（2013 年 12 月～2021 年 3 月末日）	920,902 件
シネマデイジーの製作館	16 施設

② 著作権について

シネマデイジーは，著作権法第 37 条第 3 項に基づいて製作されています。

【補足】2010（平成 22）年 1 月 1 日の改正著作権法施行を受け，公益社団法人著作権情報センター発行『コピライト』2010 年 1 月号に，「映画や放送番組について解説音声を作成して，その映画や放送番

組に収録された音声とともに録音物にするような行為も適法とする」と書かれています。

コラム

多文化サービスのための資料

多文化サービスは，これまで十分なサービスを受けてこなかった文化的・言語的マイノリティ集団に特に配慮したサービスですが，コミュニティ内のすべての利用者に対する多文化情報の提供も含まれます。したがって，多文化サービスのための資料構築には，マイノリティ言語で書かれたマジョリティに関する資料，またマジョリティ言語で書かれたマイノリティに関する資料のようなクロスカルチュラルな資料が必要となります。これは，相互の文化を理解することがコミュニティにとって大切だからです。

多文化コミュニティ向けの資料は，子どもから大人まですべての年代に向けた幅広いジャンルで構成するべきです。多言語の図書のほか，雑誌や新聞も欠かせない資料ですが，最新の新聞などは，オンラインアクセスを可能にすることで印刷版を補完することができます。CD・DVD・ビデオなどの視聴覚資料は，文化的・言語的マイノリティにとって特に有用といえるでしょう。また図書館は言語学習に必要な資料を用意する必要があります。LL ブック・マルチメディアデイジーは言語学習教材としても利用可能です。

多文化サービスのための資料範囲は多岐にわたりますが，図書館だけの判断ではなく，多文化コミュニティと協議して進めるべきです。各マイノリティ集団に好まれる媒体や主題を調査し，入手可能性の有無と優先順位を考えて決めることが大切です。

参考文献
日本図書館協会多文化サービス委員会訳・解説『多文化コミュニティ：図書館サービスのためのガイドライン』第3版 日本図書館協会　2012

（1）　国立国会図書館サーチ
　①　国立国会図書館サーチ　障害者向け資料検索とは

　国立国会図書館は，点字図書と録音図書の全国的な図書館間相互貸借を支援することを目的に『点字図書・録音図書全国総合目録』を 1982 年から提供してきました。2012 年 1 月からは，さらに広い範囲の障害者サービス用資料を検索できる統合検索サービス「国立国会図書館サーチ　障害者向け資料検索」を提供しています。

http://iss.ndl.go.jp/#search-handicapped

画像　国立国会図書館サーチ　障害者向け資料検索

　国立国会図書館サーチは，国立国会図書館が提供する統合検索サービスです。国立国会図書館が提供するコンテンツに加え，全国の公共図書館，公文書館，美術館や学術情報機関等の書誌データ，デジタルコンテンツを統合的に検索できます。約 100 のデータベースとシステム連携を行い，1 億を超えるメタデータが検索対象となっています。国立国会図書館

128

サーチのサービスの1つとして提供されているのが，障害者サービス用資料・データの統合検索に特化した「障害者向け資料検索」です。

　国立国会図書館サーチの検索画面には，いわゆる一般資料の「簡易検索」「詳細検索」のほか，「障害者向け資料検索」の検索タブがあります。ここから障害者サービス用資料の検索が行えます。

② 検索対象

　「国立国会図書館サーチ　障害者向け資料検索」では，主に以下のデータベース等を一度に検索することができます。

ア　国立国会図書館が他機関から収集した録音図書や点字資料等の障害者向け資料の書誌・所蔵情報（点字図書・録音図書全国総合目録）

イ　国立国会図書館視覚障害者等用データ送信サービス

ウ　サピエ図書館

エ　納本制度によって国立国会図書館が収集した点字資料，大活字資料，録音テープ，デイジー資料など

オ　都道府県立図書館・政令市立図書館が所蔵する点字資料，大活字資料など（国立国会図書館総合目録ネットワーク事業（ゆにかねっと）などで収集された所蔵情報のうち，障害者向け資料に検索範囲を限定したもの）

　アの「他機関から収集した障害者向け資料の書誌・所蔵情報」とイの「視覚障害者等用データ送信サービス」については，8.1の国立国会図書館の事例紹介で，ウのサピエ図書館は次の(2)で詳しく紹介しています。これらの目録サイトを使って資料を検索することにより，著作権法第37条第3項

画像　検索結果一覧

（さまざまなデータベースを一度に検索している）

に基づいて日本国内で製作された資料とデータをまとめて検索することができます。

　エとオでは，国立国会図書館や都道府県立図書館と政令市立図書館が所蔵する点字資料や大活字資料などの，主に「出版」された障害者用資料を検索することができます。

　エは，国立国会図書館検索・申込オンラインサービス国立国会図書館オンラインのうち，国立国会図書館所蔵の点字資料，大活字資料，録音テープ，デイジー資料などに検索範囲を限定したものです。「納本制度」とは，図書等の出版物をその国の責任ある公的機関に納入することを，発行者等に義務づける制度のことです。日本では，「国立国会図書館法」（昭和23年法律第5号）により，国内で発行されたすべての出版

物を，国立国会図書館に納入することが義務づけられており，それには，国内で発行された点字資料や大活字資料なども含まれます。納本制度を通じて国立国会図書館に納本された，いわゆる出版された点字資料，大活字資料，録音図書などの障害者用資料を，エのデータベースによって検索することができます。

　オの国立国会図書館総合目録ネットワーク事業（ゆにかねっと）は，公共図書館の県域を越える全国的な相互貸借等の支援を主な目的とする，和図書を対象とした総合目録事業です。2012 年 1 月に検索機能が国立国会図書館サーチに統合され，国立国会図書館サーチの一機能として提供されています。この事業では，都道府県立図書館と政令市立図書館の和図書の所蔵情報を収集しており，その中に含まれる障害者向け資料と設定された点字資料や大活字資料などの所蔵情報は，国立国会図書館サーチの障害者向け資料検索の中でも検索できるようになっています。

③　書誌詳細画面

　検索結果一覧から書誌詳細画面に入ると，該当の障害者用資料またはデータの書誌情報を確認することができるとともに，「見る・借りる」欄から個別のデータベースの書誌に移動したり，各図書館の所蔵を確認することができます。また，「視覚障害者等用データ送信サービス」の送信承認館，または同サービス登録利用者（個人）のアカウントでログインしていれば，視覚障害者等用データ送信サービスのデータを直接ダウンロードできるようになっています。

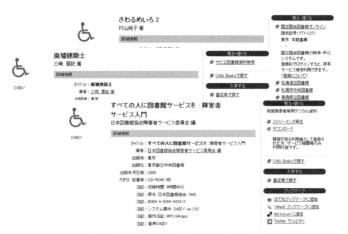

画像 書誌詳細画面の「見る・借りる」欄
（手前から視覚障害者等用データ送信サービスの書誌，「サピエ図書館」
の書誌，そして，国立国会図書館と公共図書館に所蔵がある点字資料の
書誌）

④ さいごに

　国立国会図書館サーチは，さまざまな形式の障害者サービ
ス用資料を検索できるように検索対象を拡大していく予定で
す。

(2) **サピエ図書館**（本項の数字は 2020 年 12 月現在）

① **サピエ図書館とは**

　「サピエ図書館」は，社会福祉法人日本点字図書館がシス
テムおよび機器を管理し，全国視覚障害者情報提供施設協会
（全視情協）が運営している，インターネットを介して利用す
る電子図書館です。

132

写真　「サピエ」のウェブサイトのトップページ

　全国の視覚障害者情報提供施設（点字図書館），ボランティア団体等が製作した点字図書，録音図書などの書誌約76万件，コンテンツ約34万タイトルを保有し，コンテンツはダウンロードやストリーミング再生（音声デイジー）することができます。

②　利用できる個人と施設・団体

　サピエ図書館の会員には，個人会員と施設・団体会員の2種類があります。個人会員は，視覚障害者あるいは視覚による表現の認識に障害のある個人，施設・団体会員は著作権法第37条第3項の政令で定められた施設・団体が主です。個人会員の利用料は無料，施設・団体会員は年4万円の費用がかかります。

　会員数は，視覚障害者等の個人が約18,400人，施設・団体会員が約420施設です。施設・団体会員は視覚障害者情報提

供施設が約 20％，公共図書館が約 50％，その他に大学図書館，視覚特別支援学校（盲学校），ボランティア団体などが加盟しています。

③　書誌データベースと検索方法

　サピエ図書館の書誌データベースは，全国の施設・団体会員が製作または所蔵する資料，点字出版所が製作する点字・録音図書の資料から構成されています。これらの書誌には，タイトル，副書名，シリーズ名，著者，出版者，出版年月や内容抄録（全角 480 文字以内）などが含まれています。利用者からのあいまいな情報でも検索できるように，「タイトル」の検索フィールドは，書名以外に，副書名，シリーズ名，全集や短編集に収録された作品名なども検索対象になっています。また，視覚障害者の利用を想定し，漢字に変換しなくても，ひらがな，カタカナで検索ができ，全角，半角の区別もありません。さらに，文字列は部分検索になっており，スペースで区切れば，複数の文字列（3 つまで）のアンド検索ができます。このように 1 つのフィールド内で複数の検索ワードが設定できますので，効率的に検索することができます。「キーワード」という検索フィールドでは，内容抄録を含めて検索できます。たとえば「本屋大賞」という言葉を入れれば，それを含む資料が検索されます。図書のタイトルや著者名がわからない場合は，「ジャンル検索」が便利です。「日本十進分類法」（NDC），キーワード項目を元にした「文学」「哲学・心理・宗教」「歴史・伝記」などの 17 項目のジャンルから選択し，さらに小項目へと選択する方法で資料を絞り込むことができます。

134

④　コンテンツの種類と人気のコンテンツ

　サピエ図書館で利用できるコンテンツは，点字，音声デイジー，テキストデイジー，マルチメディアデイジーの4種類です。点字約22万9000点，音声デイジー約10万点，テキストデイジー約1万点，マルチメディアデイジー約320点が利用できます。サピエ図書館の最大の特徴は，全国の会員施設から製作されたコンテンツが常時アップされるので，これらのコンテンツをいち早く利用できることです。人気作家の新作や受賞作品の多くは，数か月後にアップされます。このようなデータアップの即時性を利用して，週刊誌，月刊誌などの逐次刊行物が増えています。現在，点字版は約110誌，録音版は約130誌あり，多様な種類のものから自分の好みの雑誌を読むことができるので，とても人気があります。また，音声デイジーの中でもシネマデイジーは特に人気が高く，現在600以上のタイトルがあります。

⑤　視覚障害者の利用方法

　点字図書や録音図書などを利用するには，サピエ図書館に直接アクセスする方法と，地域の視覚障害者情報提供施設や公共図書館の障害者サービスを通して資料を入手する方法があります。

　サピエ図書館に個人が直接アクセスするには，パソコンやタブレット，携帯電話（「ドコモらくらくホン」の該当機種），デイジーオンラインに対応した機器などを使います。現在サピエ図書館に直接アクセスしている人は，視覚障害者用図書の利用者の約2〜3割程度と推測され，残りの7〜8割の人は貸出サービスを利用しています。

図書館は，主にこの貸出サービスを利用する人からの問い合わせに対応しています。利用者からリクエストがあった場合，サピエ図書館の書誌データベースを検索することで，全国の視覚障害者等用資料を調べることができます。該当するタイトルのコンテンツがあれば，すぐにダウンロードしメディアにコピーして貸し出すことができます。もしコンテンツがない場合でも，オンラインリクエスト機能を使って，システム上で簡単に所蔵館に相互貸借を申し込むことができ，さらに所蔵館の処理状況も確認できるようになっています。

⑥　国立国会図書館の視覚障害者等用データ送信サービスとの連携

　サピエ図書館は，視覚障害者情報提供施設やボランティア団体等が製作したコンテンツを収集しています。国立国会図書館が運営する「視覚障害者等用データ送信サービス」は，国立国会図書館および公共図書館等が製作したコンテンツを収集しています。両方利用するには，サピエ図書館，国立国会図書館それぞれに利用登録し，各ウェブサイトにアクセスする必要があります。これでは不便ですので，サピエ図書館と国立国会図書館は連携できるように 2014 年 6 月に改修を行いました。これによって国立国会図書館に利用登録することなく，サピエ図書館側から視覚障害者等用データ送信サービスを横断的に検索し，コンテンツを利用できるようになりました。これは，サピエ図書館が定期的に視覚障害者等用データ送信サービスから書誌情報の取得を行い，それをサピエ図書館の書誌データベースに追加して統合目録を製作しているからです。サピエ図書館では通常この統合目録を検索する

ようになっています。また，コンテンツはそれぞれのシステムから配信されますが，ほとんどその違いを感じることなく利用することができます。ただし，サピエ図書館と国立国会図書館は完全な横断検索ができるようにはなっていません。一部それぞれにしかないものもありますので，所蔵が見つからない場合は念のため両方検索してみてください。

⑦　おわりに

　サピエ図書館の個人会員と施設・団体会員は，上記すべてのサービスを利用することができます。検索した資料のオンラインリクエストでは，個人会員の場合は登録している図書館にリクエストが送信されます。また，施設・団体からのオンラインリクエストでは所蔵館へリクエストが送信されます。このほかに直接資料をストリーミングで再生したり，データをダウンロードすることが可能です。会員以外，誰もが無料で利用できるサービスとしては，資料の検索があり，国立国会図書館との横断的検索機能もあわせて利用できます。

　サピエ図書館を利用することで，全国どこの図書館においても同じような視覚障害者等へのサービスを提供することができます。運営している全視情協では，施設・団体会員を対象に「サピエ研修会」を定期的に開催しています。そこでは基本的な使い方，便利な機能の説明，最新情報の提供などを行っており，さらに会員間のネットワークづくりの場にもなっています。

　今後，サピエ図書館を利用して，視覚障害者等に向けた障害者サービスが広がっていくことが期待されます。

(3) 図書館における具体的活用事例

　障害者サービス用資料は全国的相互貸借システムを利用して，全国の図書館や点字図書館から資料を借りて（あるいはダウンロードして），利用者に提供しています。それを支えているのが，今まで述べてきた国立国会図書館サーチとサピエ図書館です。

　国立国会図書館サーチでは，障害者向け資料検索またはそれぞれの資料（点字，デイジー，テキストデータ，DVD・CD，カセットテープ，大活字）を指定して検索することができます。

　サピエ図書館では「すべての資料」あるいは資料別（点字すべて，点字データのみ，点字のみ，録音に関するすべて，カセットテープのみ，音声デイジーのみ，オーディオブック等，音声解説，墨字に関するすべて，テキストデータのみ，拡大文字のみ，テキストデイジーのみ，マルチメディアデイジー，映像資料）の検索ができます。検索結果画面から資料の詳細画面に入ると，簡単な内容紹介があるものもあり，利用者への資料案内に使えます。また，サピエ図書館では全国の点字雑誌・録音雑誌一覧が毎年更新されています。

　2つのデータベースはお互いの横断検索ができるように思われがちですが，サピエ図書館からは国立国会図書館のデータの一部しか見られないことと，書誌の取り方に違いがあるため，ヒットしない場合は必ず両方で試してみることをお勧めします。たとえば，サピエ図書館のデータは基本的にTRC MARCをベースにしていますが，加工して使用しているのでシリーズ名が抜けていたり，反対に各巻書名が落ちていたりします。ごくまれにですが，実際には存在する資料を「ありません」としてしまうことがありますので注意してください。

国立国会図書館サーチの場合，MARC データは正確ですが，一見しただけでは所蔵館がわからないなど，使い勝手の悪い部分もあります。特徴を理解して使い分けてください。

　これらの資料検索で所蔵調査をし，相手先の図書館から資料を取り寄せて自館の利用者に提供します。時には利用者と電話で話をしながら，検索結果画面を開いて資料情報を案内することにより，直接利用者自身に資料を選んでもらうこともできます。検索結果画面で「製作館」が表示されますので，相手館に FAX・メール・電話等で借受依頼をします。

　書誌情報だけではなく，コンテンツデータそのものが登録されている資料があります。このような資料では，ストリーミング再生（リアルタイムな試し聞き）とダウンロードができます。ストリーミング再生を行うためには，パソコンにデイジー再生ソフトが入っているか，ストリーミング再生機能のあるデイジー再生機が必要です。これにより，資料の内容を確認してからダウンロードすることができます。この場合は郵送による手間をかけることなく，ダウンロードしたデータを CD 等にコピーして，利用者にすぐに提供することができます。デイジー雑誌はほとんどこのダウンロードのみで提供されています。

　ただし，ストリーミングやダウンロードを行うには，国立国会図書館では視覚障害者等用データ送信サービスの送信承認館であること，サピエ図書館では施設・団体会員であることが求められています。国立国会図書館の視覚障害者等用データの収集および送信サービスの送信承認館になるためには，申請が必要ですが経費はかかりません。国立国会図書館のウェブサイトで「各サービスの承認館・参加館一覧」というペ

ージを検索すると，全国の図書館で障害者サービスを行っているかいないかがそのまま反映された，各都道府県の状況を見てとることができます。製作館でなければ送信館になれないという規定はありませんので，すべての公共図書館が登録し，送信を受けられるようにしてください。

サピエ図書館では，資料の検索は誰でも無料でできます。しかし，資料のダウンロードや，相手館にそのまま借受依頼ができるオンラインリクエストなどの便利な機能を使うためには，会員資格が必要です。会員となるための年間利用料を予算化することができない公共図書館が多数あり，サービスの妨げになっています。録音雑誌はほとんどがダウンロード版であるため，図書館が会員でないと利用者にすぐに提供することができません。この場合は，都道府県立図書館や県内の点字図書館等を経由して CD で借りることになり，手間と時間がかかります。会員になることで，これらのサービスのほか，統計などの便利な機能を使うこともできますので，利点を理解した上で予算獲得に向けて努力したいところです。

なお，全視情協の正会員会費もサピエ利用料と同金額です。正会員はサピエ図書館を自由に使うことができ，公共図書館も会員として受け入れています。全視情協の会員となることでより広い情報を得ることができますので，そちらからの方法も考慮してください。

サピエ図書館では，個人会員を次のように規定しています。

第4条　前条第2項で定める個人がサピエを利用する際の会員の種類は次のとおりとする。

　　A 会員　視覚障害者

B会員　A会員以外の者

　サピエ図書館は，点字図書館が主体となって成立しているので，視覚障害者がサービスの中心です。視覚障害以外の図書館利用に障害を持つ利用者をサポートしていくのは，公共図書館の役割といえます。個人会員はどこかの図書館に登録することで会員資格が得られますので，視覚障害以外の利用者はB会員を受け入れる公共図書館から登録することで，サピエ図書館を直接利用できるようになります。この点においても，それぞれの立場からの連携をすることで「すべての図書館利用に障害のある人」へのサービス向上につながります。施設・団体会員の公共図書館は，積極的にB会員を受け入れたいものです。

　サピエ図書館はオンラインで着手・完成情報が登録できるので情報が早く，資料検索などの日常的業務では第1に利用することが多いのではないでしょうか（サピエ会員ではない公共図書館が着手・完成を登録するために頼るところは，国立国会図書館になります）。

　サピエ図書館を見ていると，人気のある作家や話題の本などは，ほとんどすぐに着手登録されます。また，着手情報には完成予定年月も書かれています。以前は利用者にいつ資料提供できるかわからない状況でしたが，現在は着手情報を調べて，利用者が待つ目安を伝えることができるようになりました。

　障害者サービス用資料を製作している図書館では，これらの着手・完成情報により，全国どこでも作られていないことを確認してから製作に入ることができるようになり，重複製

作を避けるための重要なツールになっています。

　なお，点字図書館が製作する資料と公共図書館が製作する資料とでは，選書の考え方や製作規則に差異が見られます。また，点字図書館・公共図書館それぞれの特徴もあり，さらには各製作館ごとに得意な分野や取り組みなども存在します。担当者はそれぞれの図書館の特徴を知り，うまく活用してください。

2.4 障害者サービス用資料の製作

(1)　公共図書館，大学図書館，学校図書館による製作

　障害者サービス用資料は販売数が少ないので，利用者が求めているものが存在していない場合は，新たに製作して提供することになります。どこかに依頼すれば製作してくれる，あるいは製作して販売してくれるようなシステムがあればよいのですが，残念ながらそのようなところはありません。国立国会図書館が専門書の音声デイジーを製作していますが（学術文献録音図書製作），その数はほんのわずかです。そこで，障害者サービスの力のある図書館では自館で製作しています。製作には点訳・音訳などの図書館協力者と専門技術が必要です。また，製作するのに時間がかかりますから，1つの公共図書館や点字図書館でたくさん作ることはできません。

　障害者サービス用資料の中心的存在ともいえる録音・点字資料は，主に点字図書館と公共図書館が製作しています。点字図書館による製作が全体の8割以上を占めています。また，最も製作量が多い音声デイジーは，全出版量の2割弱となっています。さらに，一部では特別支援学校図書館による製作

も行われてきましたが，それらの資料が学外に出ることはあまりありませんでした。最近，大学図書館や大学の学生支援室でも資料の製作が行われていますが，どちらかというと個々の障害のある学生への支援という側面が強いものです。

　2009年の著作権法改正で，公共図書館・大学図書館・学校図書館では障害者サービス用資料の製作が自由に行えるようになりました。また，この法律で自動公衆送信も認められたことから，国立国会図書館のデータベースに登録して，ダウンロード等による資料提供が可能になっています。これにより，各公共図書館や点字図書館が製作した資料をお互いが共有して，利用者に提供できるようになりました。

　①　公共図書館
　全国で100館ほどの公共図書館が，点字・録音資料などを製作しています。録音資料の記録媒体は，以前はカセットテープでしたが，現在は音声デイジーに代わっています。
　布の絵本，拡大写本，マルチメディアデイジー，テキストデータ等，その他の障害者サービス用資料を製作している図書館もあります。ただし，製作している館数は少なく，またその製作数もわずかです。いくつかの図書館が先進的・試行的に製作している枠を出ません。
　資料製作を行っている，といっても自治体の広報や議会だよりを地域のボランティアが製作してそれを受け入れているだけ，という図書館があります。厳密にいうと，そのような事例は資料を製作しているとはいえません。利用者からのリクエストや自らの選書により行うのが資料製作です。
　公共図書館が資料を製作するのは，原本があるもの（図書

館資料＝パブリックな情報）を利用者が読める形に変換して提供するための手段として行うものです。つまり，リクエストされたものを全国総合目録で検索して全国どこにも所蔵館がない場合に，製作を検討します。そういう意味では，製作のための選書基準のようなものはなく，製作した資料は原本の二次的資料ともいえるものです。中には，郷土資料などを積極的に選書して製作している館もあります。いずれの場合も，重複製作は避けて，全国レベルでなるべく多くの資料を提供するようにしなくてはなりません。

　録音雑誌も，点字図書館を中心に製作されており，公共図書館で製作している館はわずかです。雑誌の場合はその巻号だけではなく，継続して製作し続けるという暗黙の約束がありますので，期限内に作り続けられる力のある図書館しか行えません。以前は抜粋版で製作されることが多かったのですが，最近は完全版も増えてきました。それはデイジー形式になり頭出しが自由にできるので，なるべくすべてを音訳して利用者が選んで聞けるようにしようということになったためです。それ自体は大変よいことなのですが，その分製作期間がかかってしまうのは困ります。なるべく早く，すべての情報を入れて製作しなくてはならないという難題が課されています。

　実際の製作は，ほとんど図書館協力者またはボランティアが行っています。本来，図書館の資料製作は障害者に資料提供を保障するための手段です。そのため，図書館職員が自ら行えればそれに越したことはありません。しかし，職員にはそのための時間も技術もありません。そこで，職員の代わりに，専門技術のある図書館協力者に依頼しているわけです。

職員の代わりの仕事ですから、そこに賃金なり謝金なりを支払うのは当然です。そのため、責任の伴わないボランティアではない、図書館協力者が必要となります。

なお、外部の音訳ボランティアが製作した音声デイジー等を受け入れる例があるようですが、図書館が指示して製作したものでなければ、それを作ること自体が違法行為となる可能性があります。図書館が主体となり、図書館からの依頼により製作するような方法に変更してください。また、その場合でも資料の質の確保には十分注意してください。

② 大学図書館

大学では、図書館または学生支援室が障害者サービス用資料の製作を行っています。ただし、資料を製作して障害のある学生に提供しているというよりも、個々の学生の学びを支援するために変換をしているというイメージです。つまり、教科書や参考書が読めない学生に、テキストデータや拡大コピー等で対応しようとするものです。大学の学習の支援ですから、資料の一部とか実際に授業や研究で使うものを製作・提供しています。専門書・研究書のテキストデータなどを製作することもあります。

大学図書館が主体的に資料製作を行っていれば、製作した資料を国立国会図書館に登録して全国的な相互貸借システムに載せることができます。そうすれば、製作したものは全国の障害者等が利用できるようになるのですが、残念ながらまだそういうことが知られていません。さらに、学生支援室が製作しているものはこのようなネットワークに出ることがなく、せっかく製作した資料が学内で埋もれてしまっています。

また，一部の大学では，学生ボランティアを使った資料製作や対面朗読が行われています。授業の支援としての対面朗読サービスは重要です。また，学生がボランティアまたはアルバイトとしてこのような資料製作に携わることも，貴重な体験になります。

③　学校図書館

　視覚や聴覚の特別支援学校では，図書館で障害者サービス用資料の製作を行ってきています。これまで，ボランティアや教員が資料製作をしてきました。ただし，視覚特別支援学校の中でも，学校により相当の違いがあるようです。充実した資料を所蔵している図書館から，ほとんど製作をしていないところもあります。

　また，大学図書館と同様に，せっかく製作した資料があっても，ほとんど全国的なネットワークに載ることがありませんでした。これからは，国立国会図書館に登録して，全国の障害者・児が利用できるようにしてほしいと願います。

　地域の学校の特別支援学級や普通学級にも，さまざまな障害者・児が学んでいます。しかし，学校では資料の製作という形での支援は行われてきませんでした。それどころか，全国的なネットワークによりさまざまな障害者サービス用資料を入手できることさえ，ほとんど知られていないのが現状です。発達障害のある児童・生徒などは，特別支援学校ではなく地域の学校で学ぶ例も多く，学校ではその子どもたちへの学習支援に悩んでいます。障害のある子どもたちが使える資料提供という形で，公共図書館や学校図書館には大きな使命があるといえます。

（2） 点字図書館による製作

　点字図書館にとって，資料製作と貸出は大きな 2 本の柱で
す。点字図書館の資料製作は視覚障害者情報提供事業であり，
福祉サービスの 1 つと位置づけられています。所管する省庁
は公共図書館が文部科学省であるのに対し，点字図書館は厚
生労働省です。

①　点字図書館で製作される資料の種類

　点字図書館ではリクエストされた資料のほか，視覚障害者
が広く利用するであろう図書を中心に選書し製作しています。
読み物，話題になっている本，生活に役立つ本等です。また，
視覚障害者が多く従事している，マッサージや鍼灸関係の本
も多く製作されています。点字・録音雑誌の製作は点字図書
館がほとんどで，公共図書館による製作はわずかです。

　点字図書館による製作の原則は，原本にできるだけ忠実に，
視覚障害者が利用可能な形態に資料を変換することです。
1949 年に公布された「身体障害者福祉法」によって，点字図
書館が身体障害者更生援護施設として位置づけられた当時は，
点字による複製しか方法はありませんでした。それも，点字
盤や点字タイプライターを使っての手打ち製作です。しかし，
1960 年代半ば頃から，磁気テープを主体とした録音図書とい
う新たな形態でのサービスが始まりました。また，1980 年代
頃からは，点訳にパソコンが使われるようになり，修正の容
易さから製作の効率が劇的に向上しました。パソコン点訳は
同時に，それまで「世界に 1 冊」だった点字図書の複数作成・
提供をも可能にしました。

　一方，録音図書のデジタル化は，1990 年代以降，デイジー

という規格が登場したことにより本格化します。当初，デイジー規格による録音図書は朗読音声を音源とするものばかりでしたが，近年ではパソコンなど機器側の音声読み上げ機能を利用する，テキストデイジー・マルチメディアデイジーなど，多様な形態での提供が始まっています。多様ということでは映画本編の音声に解説音声を付加したシネマデイジー，弱視者のための拡大図書，触る絵本などを製作する点字図書館もあります。図書だけではなく，雑誌の製作も多くの施設が手がけています。

②　ボランティアの養成と管理

点字図書館において，製作の主たる担い手はボランティアです。製作の根幹を無償のボランティアに頼っていることについては，近年疑問を投げかける声もありますが，一方で市民ボランティアの受け皿としての役割もあるようです。いずれにしろ，ボランティアを主体としているがゆえに，点字図書館では，その養成や管理も業務の一環とし，初心者講習会やスキルアップ講習会なども開催しています。

近年の課題としては，新規講座への応募数の減少や，高い技術を持ったボランティアの高齢化などが挙げられます。質の向上のためには，日盲社協が開催する，点訳指導員または音訳指導員の認定資格があります。点字については，日盲社協に点字技能師という認定資格もあります。

③　選書のルール

かつて製作の主流が手書き点字であった時代には，複製が容易でないため，人気図書を複数館が製作することで，読者

148

のニーズに応えていました。しかし，デジタル化が進み，全国の点字図書館等がネットワークでつながった今日においては，同じ図書を重複して作らないことが重要だと考えられています。年間に出版される図書の数に比べて，点字や録音図書として製作できる図書の数は限られており，世の中に1冊でも多くのタイトルを増やすという考えからです。

　サピエ図書館では，新しい図書の製作を開始する時点で着手登録を行う決まりになっていますが，他施設で着手がついたものは製作を避けるというルールを作っています。しかし，それでも重複製作が消えたわけではありません。また，特に録音図書において，製作した資料の質の違いが問題になることがあり，複数から選べたほうがよいという意見もあります。なお，サピエ図書館では同じタイトルの書誌登録を複数館が行うことは可能ですが，録音図書のコンテンツそのものの登録は1タイトル1館しかできません。

　④　製作

　全国のほとんどの点字図書館が，点字図書・録音図書両方を製作しています。その製作がほぼデジタル化していることは，すでに触れましたが，特に録音図書製作の分野では，ボランティアにもデイジー編集などに関する専門的な知識が必要になっています。

　日盲社協情報サービス部会がまとめた「日本の点字図書館32」(2017) によれば，全国82施設におけるボランティアの総数は，点訳者5,912人，音訳者5,804人，点字校正者2,566人，録音校正者1,938人，デイジー編集者1,458人となっており，デイジー編集者が少ないことがわかります。一方，利用者の

側でも，機械の操作性が単純なカセットテープを望む声も根強いことから，いまだにカセットテープによる製作を手がける点字図書館も残っています。

　点字製作の現場では，絵本点訳などを除き，手打ちの点字による図書製作は，ほぼなくなったといってよいでしょう。IT スキルが高い現場では，図書を OCR にかけてテキストデータを取り出し，そのデータを自動点訳にかけることで，製作期間を大幅に短縮させることに取り組んでいます。

　点字図書・録音図書どちらも，製作にあたって，まず手がけるのは読み方の調査です。これに加えて，点字では点字表記上の誤りがないかの確認，録音では音声化技術も重要ですから，どうしても完成までに時間がかかります。一方，合成音声を使うテキストデイジーは，このような作業が不要なので，非常に早く図書が完成します。

　製作においては，複雑な図や表，専門用語（医学，数式，外国語など）が多用される図書への対応が大きな課題です。点字では触図という方法があり，優れたフリーソフトがあって広く普及していますが，音声では言葉に置き換えるしかありません。こうした専門的な図書を製作できるスキルを持った人材は限られているため，リクエストがあっても対応するのが難しいこともあります。中には，図書館の蔵書としてではなく，相談しながら必要な個所だけを作るなどのプライベートサービスで対応する場合もあります。

　加えて，映画の音声ガイドや漫画の点字化，音声化といった，これまでにない分野にチャレンジする施設も現れており，製作方法・製作技術などにおける格差といえるものも生じています。

（3） 法人等による製作　日本障害者リハビリテーション協会

　公益財団法人日本障害者リハビリテーション協会（以下，協会）は，1999 年 1 月に厚生省補正予算事業としてデイジー情報センターを設置し，以来継続して国内におけるデイジーの普及に努めてきました。この事業では，デイジーを製作するためのパソコン等の機器とデイジー再生機に加え，2,580 タイトルの図書と 601 タイトルの法令条文を CD 版の音声デイジーで製作し，視覚障害者情報提供施設や視覚特別支援学校などに配布しました。これにより，音声デイジーの普及と活用が大きく進みました。

　補正予算事業終了後，デイジー情報センターはデイジー研究センターとして，マルチメディアデイジーの研究開発，認知・知的障害者，ディスレクシア，読みの困難な児童・生徒等，デイジーを活用する対象者を広げる方向で研究開発事業を行っています。主な内容は，デイジー製作用ソフトウェアの開発・提供，マルチメディアデイジー図書の製作・配布，デイジー紹介 DVD およびパンフレットの製作・配布，国内外のデイジー関連情報の収集と公開，関連講演会の企画・開催，講師派遣等です。

　2008 年 9 月 17 日施行の教科書バリアフリー法と著作権法第 33 条の 2 の改正により，学習障害等の発達障害や弱視等の視覚障害，その他の障害のある児童・生徒に対しては，拡大教科書やマルチメディアデイジー教科書等を製作できるようになりました。2012 年度以降，協会ではボランティア 23 団体と協力し，より多くの，読むことに困難のある生徒にこれらを提供しています。これに先立ち 2010 年 4 月 1 日には，

著作権法第37条第3項の政令指定施設に指定され，デイジー等の資料の製作提供が自由に行えるようになりました。

　現在，協会で実費頒布しているマルチメディアデイジー図書は2種類あります。1つは，「DAISYライブラリー」で，視覚障害者等の印刷物を読むことが困難な人のみ（特別支援学校・学級，通級，院内学級等を含む）に提供しており，2021年3月現在75タイトル販売しています。もう1つは，誰でも利用できるデイジー図書です。著者の許諾を得たものや，「青空文庫」等の著作権フリーのテキストを使って作成しており，2021年3月現在54タイトルあります。

　また，「DAISYファクトリー」では13タイトルのデイジー図書がダウンロードできます。製作・提供しているものは，マルチメディアデイジー教科書の利用者に読んでもらうことを想定し，教科書に掲載されている文学作品，人気のある児童書，良書として定評のある絵本等から選んでいます。

　2010年4月からは，サピエ図書館のB会員（視覚障害者以外）の受け皿となるべく，施設会員となりました。現在協会を通して51人がサピエに個人会員登録をしています。また，既存の音声デイジー図書等を，視覚障害以外の「読書に障害のある人」に使ってもらえるようにしています。これは視覚障害以外の障害者を登録している公共図書館や点字図書館が少ないための措置です。

（4）　ボランティアグループによる製作

　全国には音訳・点訳等のボランティアグループが多数あります。点字図書館や公共図書館に所属あるいは関係しているグループもありますが，それらは点字図書館や公共図書館の

製作システムの一部になっています（この項の対象ではありません）。

多くのボランティアグループは社会福祉協議会に関係し，そこを中心に活動を行っています。自治体の広報や議会だよりを製作していることも多いようです。これらは著作権を持つ者からの依頼で製作していることになりますので，法的な問題はありませんし，製作された資料を図書館から提供することも問題ありません。ただし，広報などは本来自治体に製作・提供の義務があるわけですから，それを無料のボランティアに依頼していること自体がおかしな話です。もちろん委託料などをグループに支払っている事例もあります。

ボランティアグループの中には，著作権許諾をとって音声デイジーなどの障害者サービス用資料を製作し，障害者や図書館に提供しているところがあります。地元の図書館を経由して自治体内の障害者に提供することは問題ありませんが，全国的な相互貸借まで可能とするような許諾は難しいものと思われます。そこで，文化庁長官の指定を受けて，いわゆる政令指定施設として，図書館と同じような製作・提供を行うグループも出てきました。なお，点字資料については製作・提供が誰でも自由に行えるので，このような著作権法上の問題はありません。

ボランティア精神から，著作権処理をせずに録音物などを製作して障害者に提供している例もあるようです。しかしこのような行為は，たとえ善意であっても許されるものではありませんので，図書館で資料として受け入れてはなりません。逆にいうと，図書館が主体となって製作をボランティアグループに依頼することは問題ありません。あくまでも主体は図

書館であり，資料製作をするためにボランティアグループを活用するというのが正しい手順です。

　ボランティアによる資料製作全般にいえることは，資料の質の確保の問題です。音訳・点訳などの変換技術，図表や記号などの処理の技術，読みの調査技術など，資料製作には専門技術が必要です。また，製作中の資料の校正など，質の確保のためのプロセスも重要です。ボランティアグループでは養成講座や研修を行い質の確保に努めていますが，どうしてもグループによるばらつきが大きいのが現実です。さらには，ボランティアグループの存在の有無も地域により異なります。

　「全国音訳ボランティアネットワーク」のような全国のボランティアを包括する団体は，研修の実施や最新情報の提供なども行っています。多くのボランティアがこのような組織に加入し，技術向上に努めてもらいたいと思います。

　ボランティアグループが製作している録音などの資料は，著作権許諾をとって製作したものでも全国的な相互貸借システムに乗せることができず，その地域のみで利用されるに留まってしまうのは残念なことです。一定水準以上の質の資料については，何とか全国で利用できるようにしたいものです。

　また，図書館が関係する資料製作とは別ですが，障害者のために個人的に音訳・点訳などを行っているボランティアがいます。たとえば，学校に通う障害者個人のためのボランティア活動です。これらは著作権法第 30 条の範疇のこととして問題はありませんが，せっかく製作した資料がその人限りで埋もれてしまうことは，やはり残念なことです。

（5）　資料の製作方法（公共図書館の音声デイジーの場合）

　音声デイジー等の障害者サービス用資料を製作している公共図書館は，100 館ほどあります。しかしその方法は，図書館職員が製作の責任を持ち主体的に行うものから，実質的にボランティアグループに任せてしまっているものまでさまざまです。

　資料の製作方法にはいくつかのパターンがあります。ボランティアが自主的に製作したものを寄贈で受け入れている図書館もあるようですが，著作権法上は許されない行為です。これとは逆に，図書館側から図書館に登録しているボランティアやそのグループに製作の依頼を行うことはなんら問題ありません。ただし，その場合でも製作資料の「質の確保」には十分注意してください。校正がなされていないものや，図表の処理が行われていないものなどを受け入れることは好ましくありません。図書館として責任の持てる資料を製作することが必要です。

　本来の図書館における資料製作は，図書館職員が主体となるものです。具体的には，職員が製作のコーディネートを行い，図書館協力者とともに資料を作り上げていくものです（図書館協力者については，該当項目を参照してください）。障害者サービス用資料の製作には，職員と図書館協力者の高いスキルが求められます。そのため，すべての図書館が行えるものではなく，力のある図書館の仕事といえます。

　以下に，職員が主体となる音声デイジー資料製作の手順を，図書館，音訳者，音訳校正者，デイジー編集者（編集者），デイジー校正者が行う作業に沿って例示します。

第1段階　音訳

　ア　図書館は，原本を準備し，音訳者等を決め製作依頼を
　　します。

　イ　音訳者は，読みの調査を行い，表に記録します。表紙・
　　図表等の読みの原稿を製作します。この間，図書館は音
　　訳者からの読みの調査や図表の処理などの相談に対応し
　　ます。

　ウ　音訳者は，実際の録音を行い，続いて自己校正と修正
　　を行います。

第2段階　音訳校正，訂正

　エ　音訳校正者は校正を行い，誤読等の読みの調査を行い，
　　結果を校正表に記録します。

　オ　図書館は，音訳校正の結果を確認し，音訳者に修正を
　　依頼します。

　カ　音訳者は，音訳校正表の指示により修正を行います。

　キ　図書館は，できあがった音源のバックアップをとりま
　　す（以下，要所要所でバックアップをとっていきます）。

第3段階　デイジー編集

　ク　図書館は，原本，音源を記録したメディア，デイジー
　　製作仕様書の様式等を編集者に渡し，編集を依頼します。

　ケ　編集者は，デイジーの編集方針を考え仕様書にまとめ
　　ます。最終的に仕様は図書館と相談して決めます。

　コ　編集者は，パソコンに音声データを取り込み，仕様書
　　に基づきデイジー編集を行います。

　サ　音訳者は，編集者が製作した録音図書凡例等を録音し
　　ます。

　シ　編集者は，録音図書凡例等の音をデイジー編集して入

れ込みます。

第4段階　デイジー校正

　　ス　図書館は，できあがったものをデイジー校正者に渡し，校正を依頼します。

　　セ　デイジー校正者は，校正と直接修正を行います。

第5段階　図書館によるデータの保存，CDへの書き込み

　　ソ　できあがったデイジーデータを，マスターデータとして記録メディアに保存します。

　　タ　デイジー編集ソフトでデータをMP3に圧縮し，CD-Rに書き込みます。

　　チ　CD，ケース，郵送箱の装備を行います。

　　ツ　図書館資料として登録します。

2.5 電子書籍

（1）　電子書籍とそのアクセシビリティ

　2010年にタブレット型端末が発売されたのを機に，日本でも電子書籍ブームが起こりました。電子書籍の市場規模は，2011年度に630億円でしたが，2019年度にはその5倍に伸びていて，2024年には9倍にまで伸びるのではないかと予測されています。

　しかしながら，日本の出版界全体の市場規模に占める電子書籍の割合は，2020年時点でも2割程度にとどまっています。アメリカではすでに4割を超えていて，市場規模からみると，日本の電子書籍の普及はまだ始まったばかりといえそうです。

　電子書籍はデジタルデータ（言い換えると，無体物）ですので，有体物である紙の書籍のように，そのままでは利用でき

ません。電子書籍を利用するためには，端末が不可欠です。電子書籍を利用するための端末には，電子書籍専用端末もあれば，各種のコンピュータ端末やスマートフォン・携帯タブレットといった汎用端末もあります。汎用端末の場合，それを動かすための Windows，iOS，Android といった OS（オペレーティングシステム）によって，操作の仕方や利用できる機能に違いがあります。その違いは，各 OS の特色でもあるのですが，同時に，視覚障害者等にとっては利用上の障壁（バリア）にもなっているのです。ここに電子書籍のアクセシビリティをめぐる課題の1つがあります（課題1：端末や OS のアクセシビリティ）。

　電子書籍はデジタルデータであるといいましたが，データの形式（フォーマット）には，大きくフィックス型（画像系）とリフロー型（XML 系）の2つがあります。前者は，紙の書籍を画像データ化したもので，紙面レイアウトが画像で固定されています。作品ジャンルとしては，コミックや，図表の多い実用書などが中心です。後者は，全文のテキスト情報を有していて，端末の画面内で文字の大きさ，行数，配置などを自由に変更でき，文章が流れるようにつながって読むことができるものです。EPUB が代表例で，文芸書など文字主体の作品に向いています。

　現在のところ，日本で流通している電子書籍の形式は，リフロー型よりもフィックス型のほうが多くなっています。というのは，電子書籍作品の8割がコミックだからです。フィックス型は TTS（Text To Speech，音声合成によるテキスト読み上げ機能）による音声読み上げには適さないため，アクセシビリティを考慮すれば，リフロー型の電子書籍とする必要があ

ります。この点も，電子書籍のアクセシビリティの課題です（課題2：フォーマットのアクセシビリティ）。

　リフロー型の電子書籍であっても，流通のプロセスがアクセシブルでなければ，そのメリットはまったく活かされなくなってしまいます（課題3：流通プロセスのアクセシビリティ）。たとえば，インターネット上の電子書店で電子書籍の作品を購入することを考えた場合，電子書店のシステムに音声ガイドの機能が付いていなかったり，販売されている電子書籍の作品がTTSに対応したリフロー型なのか，そうではないフィックス型なのかがわかるようになっていなかったりと，課題を挙げればきりがありません。

　視覚障害者等にとって電子書籍に寄せる期待は大きなものがあります。しかしながら，ここまで述べてきたように，そのアクセシビリティには課題が多く残されています。これらの解決が急がれます。

(2)　図書館向け電子書籍貸出システム

　公共図書館で電子書籍を貸出しているところは，2021年1月現在で約140館となっており，増えつつあるとはいえ，まだ少数にとどまっている現状にあります。

　紙の書籍と違って，無体物の電子書籍は書架に排架することができません。そこで，電子書籍の貸出には，専用のシステム（図書館向け電子書籍貸出システム）を提供する事業者（ベンダー）と契約を結ぶ必要があります。公共図書館向けに電子書籍貸出システムを提供する事業者は，2021年3月現在，6社あります。

　一般社団法人電子出版制作・流通協議会が，日本図書館協

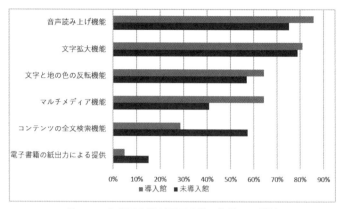

グラフ　公共図書館が電子書籍に期待する機能

会と国立国会図書館の協力のもとに 2018 年度に実施した「公共図書館の電子図書館・電子書籍貸出サービスに関する調査」の結果によると，公共図書館が電子書籍に期待する機能としては，音声読み上げ，文字拡大といったアクセシビリティの機能が上位にきています（グラフ：公共図書館が電子書籍に期待する機能）。ところが，図書館向け電子書籍貸出システムの現状は，改良が進みつつあるとはいえ，すでに述べた電子書店の場合と同様に，アクセシビリティがまだ十分に確保されているとは言い難い状況にあります。

　事業者には，公共図書館が電子書籍に寄せる期待に応えるためにも，図書館関係者や当事者の意見を取り入れながらアクセシビリティのさらなる向上に取り組んでほしいと思います。また，障害者差別解消法の施行を受けて，公共図書館では合理的配慮の提供が義務化されていますから，電子書籍貸

出システムの契約・導入にあたっては，各図書館でアクセシビリティの状況をしっかりと確認することが欠かせません。

(3)　視覚障害者による電子書籍の利用

　視覚障害者が電子書籍を利用するには，全盲の人は音声読み上げ，弱視の人は拡大表示，視覚と聴覚の重複障害の人は点字表示が可能であることが欠かせません。

　電子書店で販売されている電子書籍では，このような利用が可能なものはあるのでしょうか。電子書籍の音声読み上げ対応については，2020 年の時点で，Amazon の「Kindle ストア」が最も有名です。iOS と Android が対応していますが，iOS 版は音声読み上げソフトである VoiceOver による点字ディスプレイ表示も可能になっています。リフロー型の電子書籍であれば，視覚障害者も購入して利用することが可能です。Amazon では，月 980 円の定額読み放題サービス「Kindle Unlimited」を 2016 年 8 月から始めており，十数万冊の電子書籍が視覚障害者も定額で利用できるようになっています。オーディオブックの定額サービスである「オーディブル」も 2015 年からスタートしており，iOS と Android の汎用端末で音声による読書が可能となっています。

　アップル社の「iBooks ストア」も，iOS の端末で VoiceOver による電子書籍の音声読み上げが可能となっています。しかし，これら以外の日本の出版社や書店が運営する電子書店で，視覚障害者の利用に対応しているところはほとんどないのが現状です。

　次に，図書館向け電子書籍貸出システムの利用についてですが，2020 年の時点で視覚障害者に利用可能なシステムや機

能はまだ限定的です。たとえば，電子書籍の音声読み上げが可能なシステムであっても，音声読み上げの遅延，音質の悪さ，見出しやページに簡単に飛ぶことができないなどの問題が残されています。

アクセシビリティを確保・向上したシステムへの改良が急務であることは言うまでもありません。アクセシビリティが確保・向上されれば，視覚障害者にとって電子書籍の持つ可能性は計りしれません。音声デイジーの製作や点訳などに不向きな専門書などがアクセシブルな電子書籍で利用できたら，どんなによいことでしょう。一日も早くそうなることを期待したいと思います。

2.6 デイジーの再生・製作ツールの現状

(1) デイジーの種類と再生・製作ツールの状況

デイジーには，音声デイジーとマルチメディアデイジーとテキストデイジーの3種類があります。日本では，最初に，点字図書館等が中心となって，視覚障害者や高齢などの理由で文字がうまく見えない人たち向けに音声デイジーが普及しました。音声デイジーは，現在最も製作・利用されているデイジーです。その後，著作権法の改正等により，テキストデイジーや，発達障害者を含むさまざまな障害者向けに，マルチメディアデイジーも普及してきています。

デイジーの再生ができる機器は，専用再生機（小型・卓上型），パソコン，スマートフォン，タブレットと多彩です。再生ソフトや製作ソフトには，無料のものと有料のものがあります。それぞれ，対応しているデイジーの種類や価格を含め，異な

る特徴を持っていますので，利用目的に応じて最適なものを選択することになります。

　たとえば，高齢の視覚障害者で，小説を読みたい場合，操作が簡単で画面のない専用再生機を選択するかもしれません。また，ディスレクシアの高校生で教科書を読みたい場合，色や文字サイズを変えられ，テキスト検索等ができる，パソコンのソフトを選択するかもしれません。

　製作ソフトの場合，たとえば，小学校低学年の学習障害者向けの国語の教科書を製作するのであれば，テキストや画像と音声の入ったマルチメディアデイジーを製作でき，肉声録音できるソフトを選択するのがよいでしょう。一方，理数系分野の専門書を製作するのであれば，数式に対応した製作ソフトを選択することになります。

　ところで，現在使われているデイジーの規格は，DAISY2.0，DAISY2.02，DAISY3 ですが，今後は，DAISY4 の配布形式である EPUB3 に移行していくことが想定されています。そのため，デイジー再生・製作ツールの中には，すでに EPUB3 形式のデータを製作したり再生したりできるものも出てきています。

(2)　再生ツール

　デイジーの再生には，Windows，iOS や Android 用のソフトと，デイジー再生専用機，スマートフォン，点字端末機等が活用されています。デイジーの中には特別な再生ソフトを必要としないで，そのまま再生できるものもあります。そのようなコンテンツには，あらかじめ再生ソフトが同梱されています。

主なデイジーの機能には，次のようなものがあります（デイジーの種類や再生環境などにより若干の違いがあります）。

　　ア　見出し，センテンス，ページ等による読みたい個所への移動（ナビゲーション機能）
　　イ　再生速度の変更
　　ウ　しおり機能（しおりをつけて，後でその個所に戻ることができる）
　　エ　飛ばし読み機能（ページ，脚注，製作者注等）
　　オ　テキストが表示できるデイジーでは，次のような機能も活用可能。
　　　A　読み上げている箇所のハイライト（音声と文字・画像の同期）
　　　B　テキスト検索と検索箇所からの再生
　　　C　文字の拡大と縮小（拡大しても画面に収まるリフロー）
　　　D　文字色，背景色などのカラーコントラストの変更
　　　E　合成音声（TTS）による読み上げ
ほかに，特に学習障害者を対象にしたソフトでは，読みたいセンテンスをクリックやタップして再生できたり，センテンスとセンテンスの間の長さを調整できる機能もあります。

(3)　再生ソフト一覧

　2021年4月現在，日本で視覚障害者や学習障害者に主に利用されているソフトの詳細は次のとおりです。

　　ア　Windows用ソフト（特に記載のあるもの以外は，音声デイジー，マルチメディアデイジー，テキストデイジーのすべてのフォーマットに対応しています）

A　AMIS

DAISY2.02，DAISY3 対応の無償ソフト。

DAISY コンソーシアムが開発。さまざまな言語パックがあり，メニューの言語を変更できます。

公益財団法人日本障害者リハビリテーション協会

https://www.dinf.ne.jp/doc/daisy/software/amis3_1_4.html

B　ChattyBooks

DAISY2.02，EPUB3 対応（現時点では，ChattyInfty3 で出力した EPUB3 のみに対応）の無償ソフト。

音声デイジー，マルチメディアデイジーのみ対応。

利用者の漢字読み習熟度に応じたルビ表示機能。

デイジー図書に同梱できる ChattyBookExpress があり，伊藤忠記念財団の「わいわい文庫」やデイジー教科書に同梱されています。

特定非営利活動法人サイエンス・アクセシビリティ・ネット

https://www.sciaccess.net/jp/ChattyBooks/index.html

C　Dolphin EasyReader

DAISY2.02，DAISY3，EPUB，テキスト，HTML，DAISY XML 対応の有償ソフト。

10 倍までの拡大や，ハイライト位置の変更（上・中央・下・1 ページ終わるとスクロール）ができます。

https://atdo.website/2019/12/09/er-2/

D　MyBook Ⅴ

スクリーンリーダー PC-Talker に対応した有償ソフト。

DAISY2.02，DAISY3，EPUB3，ドットブック，PDF，Word，Excel，PowerPoint，点字データに対応。

サピエ図書館や国立国会図書館の視覚障害者等用デー
タ送信サービス等のオンライン図書館に対応。

株式会社高知システム開発

https://www.aok-net.com/products/mybook.html

E　ネットプレクストーク・プロ

DAISY2.02 の音声デイジーのみ再生できる有償ソフト。

サピエ図書館や国立国会図書館の視覚障害者等用デー
タ送信サービス等に対応。

株式会社ラビット

https://rabbit-tokyo.co.jp/netplextalkpro/

イ　iOS，Android 用ソフト

A　いーリーダー（iOS 用ソフト）

DAISY2.02，DAISY3，EPUB3 対応の有償アプリ。

音声デイジーとマルチメディアデイジーのみ対応。

シナノケンシ株式会社

http://www.plextalk.com/jp/education/products/e-reader/

B　ボイスオブデイジー 5　iOS 用（iOS 用ソフト）

DAISY2.0, DAISY3, アクセシブルな EPUB3（DAISY4）
対応の有償アプリ。

音声デイジー，マルチメディアデイジー，テキストデ
イジー，EPUB 形式のデータに対応。

有限会社サイパック

http://www.cypac.co.jp/ja/products/vodi5/

C　しゃべる教科書（iPhone/iPad/iPod touch 用）

デイジー教科書再生アプリ。

小・中学校の文科省検定教科書に読み上げ音声を付加
したマルチメディアデイジー教科書アプリ。

有限会社サイパック

http://www.cypac.co.jp/ja/products/vsb/

ウ　その他，専用再生機等

　デイジー再生機としては，携帯型のプレクストークリンクポケット，ブレイズ ET，CD から再生できる PTR3 や PTN3，点字端末機のブレイルメモスマートやブレイルセンスポラリス，ブレイルセンスポラリスミニなどがありますが，機器については 4.4(6)，(7)を参照ください。

(4)　製作ツール

　現在日本では，Windows 用のデイジー製作ソフトが主に使われています。多くの製作ツールは，音声デイジー，マルチメディアデイジー，テキストデイジーのすべてのフォーマットに対応しています。ただし，音声デイジーのみ製作可能なものや，テキストデイジーに対応していないものもあります。

(5)　製作ソフト一覧

　2021 年 4 月現在，日本で主に使われている Windows 用製作ソフトには次のようなものがあります。

ア　ChattyInfty

　DAISY2.02，DAISY3，EPUB3 対応。

　合成音声（TTS）による自動音声生成が可能。

　複雑な数式や化学式の編集と読み上げが可能。

　特定非営利活動法人サイエンス・アクセシビリティ・ネット

https://www.sciaccess.net/jp/ChattyInfty/

イ　Dolphin Publisher

DAISY2.02，DAISY3，EPUB3 対応。

合成音声（TTS）による自動音声生成と肉声録音が可能。

DAISY，EPUB，HTML，Word 等の読み込みが可能。

特定非営利活動法人支援技術開発機構

http://atdo.website/2017/09/06/dolphin-publisher/

ウ　PLEXTALK Producer

DAISY2.02，DAISY3，EPUB3 対応。

合成音声（TTS）による自動音声生成と肉声録音が可能。

総ルビ出力，原本ルビ出力の選択が可能。

シナノケンシ株式会社

http://www.plextalk.com/jp/products/producer/

エ　プレクストークレコーディングソフトウェア・プロ（PRS Pro）

DAISY2.02 対応。

音声デイジーのみ製作可能。

シナノケンシ株式会社

http://www.plextalk.com/jp/products/prspro/

また，日本では普及していませんが，DAISY コンソーシアムが開発し，無償で提供しているソフトに次のものがあります。

オ　Obi

DAISY2.02，DAISY3，EPUB3 対応。

音声デイジーが製作できます。

カ　Tobi（英語）

DAISY3，EPUB3 対応。

事前に準備したデイジーや EPUB 等のファイルを読

み込んで，録音（肉声，合成音声（TTS））ができます。

　　Obi，Tobi ともに特定非営利活動法人支援技術開発機構

　　　　https://atdo.website/tools/

　再生・製作ツールは，日々新しいものが開発されているので，最新情報については，各団体のウェブサイト等から確認してください。

注

1）　日本障害者リハビリテーション協会が製作したマルチメディアデイジー絵本，「ごんぎつね」を再生した場合の画面です。
2）　教科書バリアフリー法
　　https://www.mext.go.jp/a_menu/shotou/kyoukasho/1378183.htm
3）　山内薫『あなたにもできる拡大写本入門－広げよう大きな字』大活字　1998
4）　野口武悟監修『タカとハルの江の島のたび：小田急ロマンスカーにのって』専修大学アクセシブルメディア研究会　2013
5）　2005 年 4 月に，コミュニケーション支援用絵記号デザイン原則の JIS 規格が制定され，約 300 のシンボルが，財団法人共用品推進機構のウェブサイトから無償でダウンロードできます。
　　https://www.kyoyohin.org/ja/research/japan/jis_t0103.php
6）　近畿視覚障害者情報サービス研究協議会　LL ブックリスト
　　http://www.lnetk.jp/ll-book.htm
7）　近畿視覚障害者情報サービス研究協議会　わかりやすい図書館利用案内のひな型
　　http://www.lnetk.jp/ll_guide201903-2.htm
8）　https://www.library.pref.tottori.jp/guidance/cat69/dvd271124.html
9）　音声解説は，音声ガイドまたは副音声とも呼ばれています。
10）　スマートフォンアプリ「UDCast」対応映画（全国の映画館で音声解説付き映画鑑賞が可能）

参考文献

　成松一郎「『視覚』を活用する資料 − 大活字図書（大きな文字の本）」野口武悟・植村八潮編著『図書館のアクセシビリティ −「合理的配慮」の提供へ向けて』樹村房　2016　p.37-42

　岡田真帆・野口武悟・植村八潮「障害者差別解消法施行後の公共図書館における障害者サービスの現状と課題」『画像電子学会第 9 回視覚・聴覚支援システム（VHIS）研究会予稿』2017　p.1-7

　野口武悟・小貫智晴「『LL ブック』の普及をめざして：専修大学文学部野口ゼミの取り組み」『こどもの図書館』63 巻 10 号　2016　p.6-9

　野口武悟・藤澤和子「日本における LL ブック出版の現状と展望」『日本出版学会 2016 年度秋季研究発表会予稿集』2016　p.8-13

　日本障害者リハビリテーション協会「ENJOY DAISY」
　http://www.dinf.ne.jp/doc/daisy/

　インプレス総合研究所編『電子書籍ビジネス調査報告書 2020』インプレス　2020

　植村八潮, 野口武悟, 電子出版制作・流通協議会編『電子図書館・電子書籍貸出サービス調査報告 2018』印刷学会出版部　2018

参照リンク

街角の月明かり
　http://citylights.halfmoon.jp/dvd/
UDCast. あなたの「ミカタ」
　https://udcast.net
HELLO! MOVIE 映画みにいこ！バリアフリー映画上映
　https://www.bfeiga.net
ライブラリーコンテンツサービス株式会社
　https://lib-con.jp
BBB BROADBAND BANK
　https://www.bbbank.jp

3章 障害者サービスの実際

3.1 利用登録

(1) 障害者などを区別した利用登録の必要性

　図書館の利用（登録）に障害の有無は関係ありません。ただし，以下の理由でその人の障害の状況を確認し，一般とは分けた利用登録を行います。図書館システム上でも全職員が確認できるように，利用者番号や個人の特記事項などで工夫します。利用者ごとに，具体的に何が無料または割引でできるのかを示しておくとよいでしょう。

① 個々の障害の状況を把握し，どのような資料・サービス・配慮が必要であるかを考えるため

　利用者と図書館職員が直接話をして，上記のことをお互いが情報を出し合って考えていきます。利用者は，図書館にどのような資料やサービスがあるのかを知りません。また職員には，その人にふさわしい資料やサービスを案内するための情報が必要です。

② 障害者用資料が利用できる人かどうかを確認するため

　著作権法第 37 条第 3 項に基づき製作された障害者への資料は，利用対象者を「視覚障害者等」に限定しています。図

書館はそのような資料の利用が可能な人かどうかを判断しなくてはなりません。

③　郵送などのサービスが利用可能かどうかを確認するため

郵送貸出を実施している館であれば，無料で郵送できる視覚障害者なのか，割引料金で郵送できる重度障害者なのか，その他の障害者なのかを確認する必要があります。職員による宅配サービスを実施している場合も，その対象者であるかどうかを確認する必要があります。

(2)　障害者手帳によらない利用登録　障害者サービス著作権ガイドラインの活用

上記②の視覚障害者等のために製作された資料を利用する場合でも，障害者手帳の所持のみが条件ではありません。図書館の中には，まだ障害者手帳の所持や視覚障害者に限定したサービスしか行っていない館がありますが，法的にもサービスとしても間違いです。なるべく早く利用対象者の拡大と利用要件の修正が必要です。

また，前述のように「視覚障害者等」に該当するかどうかを図書館（職員）が確認する必要がありますが，そのための方法として「図書館の障害者サービスにおける著作権法第37条第3項に基づく著作物の複製等に関するガイドライン」の別表1と2があります。具体的にどのような状態であれば利用できるかを示しています。

(3)　具体的登録項目

障害者等の登録申込書には，一般と同じ住所・氏名などの

ほか，障害の状況，点字の可否，デイジー再生機の所持，サービス方法（郵送の可否など），希望する目録形態などを加えます。著作権法でいう視覚障害者等の場合は，あらかじめ裏面に（2）の別表2を印刷しておき，該当個所にチェックがつけられるようにしておきます。

　また，新規登録は窓口だけではなく，電話・郵便・電子メール・FAX などでもできるようにします。必要に応じて職員が代筆するのは当然です。なお，家族や代理人による登録も可能ですが，職員はできる限り利用者本人と話をして登録の意思確認や利用案内をしたいところです。

　視覚障害者等がサピエ図書館の個人会員になるためには，サピエ参加施設・団体（点字図書館や公共図書館）を指定して登録することが条件になっています。そのため，これまで図書館を使っていなかった人が，サピエ図書館を直接利用するために，図書館に新規登録依頼することがあります。そのような利用者にも登録を行いますが，その期を逃さずに自館の障害者サービスを PR し，両方利用してもらえるようにしましょう。

3.2 カウンター・館内での配慮

　たとえ障害者が来館した場合でも，図書館利用に障害があるかどうかが見た目でわかるとは限りません。車椅子や白杖を持った人なら障害者とわかるでしょう。しかし，聴覚障害者や発達障害者，弱視者など一見，障害者とわからない人もたくさんいます。目の前にいる利用者は，登録用紙を出されても書けないかもしれないし，検索画面を見せられても読め

ないかもしれない。図書館には，一見してそうとわからなくてもなんらかの障害がある人が来館している，という意識を心のどこかに持っておく必要があります。

障害者への接遇の基本として以下のことが挙げられます。

ア　人権を尊重し，プライバシーに配慮する。

イ　障害者が主体者であることに留意し，主体性や意向を尊重する。

ウ　障害者の立場に立った，わかりやすいコミュニケーションや安心感を持たれる対応を心がける。

どれも，障害のあるなしにかかわらず大切なことですが，残念ながら障害者は一般的には行われない対応をされてしまうことがあります。

障害者が介護者や通訳者といる場合，図書館職員は障害者本人ではなく介護者・通訳者に話をしてしまうことがあります。しかし，利用者は障害者本人です。介護者・通訳者ではなく本人に向かって話をしてください。

会話が難しい障害者には，どのようなコミュニケーション方法がわかりやすいかを尋ねるなど，さまざまな方法を試してみてください。「わからない」との思い込みや，通訳者がいないから話せないなどと考えずに，断片的な言葉からでも，「話したいことは何か」を汲み取るように心がけてください。利用者は何かを求めて自ら来館していることを忘れてはいけません。

以下に，コミュニケーションが困難な人との会話や筆談のポイントを挙げておきます。

ア　要点を短く簡潔に，接続詞は使わない。

イ　回りくどい比喩的な表現，あいまいな表現は避け，具

体的に。
　ウ　二重否定は肯定にする。
　エ　専門用語は使わず，わかりやすい言葉を使う。
　オ　聞き取れなくてもわかったふりをせず，別の手段に切
　　　り替えるなどして，わかるまで確認する。
　カ　ひらがなばかりで書かず，日常よく使われる漢字も使
　　　って書く。
　キ　図や記号，絵を使って図式化して書く。
　ク　必要に応じて，はい，いいえ，で答えられるような選
　　　択肢を挙げて尋ねる。
　また，障害者が来館したとき，障害者サービス担当にすべ
てお任せで他の職員がかかわらないという対応は誤りです。
どの職員でも，まず自分で対応する姿勢が大切です。障害者
が窓口に来たときの資料検索やレファレンスなど通常のサー
ビスは，それぞれの担当職員が行ってください。その上で，
障害者サービスの専門的ノウハウが必要な場合は障害者サー
ビス担当職員とともに対応したり，引き継いだりしてくださ
い。そのためにも，全職員が自館の障害者サービスを知って
おく必要があります。担当はこのような窓口対応について全
職員に周知しましょう。
　さらに何か困っているような利用者には，積極的に声をか
けることも大切です。できないことをなかなか言い出せない
障害者も多くいます。さりげなく様子を見て判断してくださ
い。
　最後に，障害者からなんらかの図書館利用に関する依頼を
受けたときには，仮にそのサービスを行っていないとしても，
すぐに「やっていません」「できません」と答えるようでは困

ります。せっかく利用者の要求があったのですから，それを
きっかけにしてサービスのあり方を検討しましょう。今すぐ
できることは何か，今後どのようにすれば図書館利用の障害
をなくすことができるかを前向きに考えることが重要です。
そのためにも，基本的な障害者サービス，障害者サービス用
資料，機器類等に関する知識が必須となります。

3.3 対面朗読

（1）　対面朗読とは

　対面朗読とは，専用の対面朗読室，または，利用者のプラ
イバシーが守られた場所において，視覚障害者等，活字を読
むことが困難な利用者に対して，専門技術を持つ音訳者が利
用者の読みたい図書館資料を目の前で読み上げるサービスで
す。「対面読書」「対面音訳」とも呼ばれます。対面朗読の読
み手は，図書館職員（以下，「職員」）が行う方法と，図書館協
力者である音訳者が行う方法があります。職員が読む方法に
は，いつでも利用できる，資料が探しやすいという利点があ
る反面，一定水準以上の音訳技術を持つ職員の確保が難しい，
そもそも職員数が少ない等の課題もあり，音訳者によるもの
のほうが利用者の評判はよいようです。また，対面朗読には
予約制と音訳者の常駐制があります。予約制はその都度予約
しないと利用できないという問題もありますが，資料の内容
に応じた音訳者を手配できるという利点があります。常駐制
は予約なしで利用できるという利点がある反面，資料の内容
によってはうまく読める音訳者とは限らない，いつもちょう
どよく1人の利用者が来館するとは限らない等の課題もあり

ます。多くの図書館では，音訳者による予約制をとっていま
す。いずれにしても，対面朗読は利用者が希望する日時に利
用できるものでなくてはなりません。

　対面朗読は，図書館サービスにおける「閲覧」を保障する
ものです。図書館における利用者の閲覧スタイルにもいろい
ろな形があるように，対面朗読にも以下のようなさまざまな
タイプがあります。

　①　1冊の本を最初から最後まで読み続けるもの
　録音図書等の製作をするには，最低でも3か月程度かかり
ますので，読みたい本をその場で読めるという利点は大きい
ものです。この場合，図書館としては，対面朗読用としてそ
の資料を長期貸出処理して，利用者の来館に合わせて用意で
きるようにするなど配慮する必要があります。

　②　辞書・辞典類を調べながら読むもの
　読んでいる途中で用語について辞書等で確認しながら読む
スタイルです。図書館として多岐にわたる辞書・辞典類を購
入しておくことが，対面朗読にも有益なこととなります。

　③　特定の事柄を調べたいという利用者の願いに応えるもの
　「○○について調べたいのですが」，このような利用者の希
望に基づく対面朗読では，その調べたい事柄について書かれ
ている図書館資料を事前に職員が複数冊集めておき，対面朗
読の中で利用者が必要な部分を選ぶ方法があります。この場
合，対面朗読に来館した利用者に対して次のように対応しま
す。まず職員または音訳者は，どんな本が集められて今ここ

にあるのかを利用者に伝えます。そして，それぞれの本をど
んな方法でどんな順番に読んでいくかを利用者と相談します。
たとえば「すべての本の目次をまず読んでみる」「著者紹介を
読んでみる」「前書きなど本の一部をまず読んでみる」「書名
からその場で読みたい順序を選んでもらう」などの方法があ
ります。利用者が柔軟に自由に資料と向き合えるような雰囲
気づくりと，利用者の求める方法を利用者自身が選択できる
自由な環境をつくることが大切です。場合によっては，その
中に利用者の読みたい本がなく，改めて利用者とともに職員
が書架に当たり，直接相談し合いながら求める資料を探すと
いうこともあるでしょう。対面朗読における読み手は音訳者
ではなく，本来は利用者であり，音訳者はその目の代わりを
する人です。そして，その本来の「読み手」である利用者の
ために資料を探すのが職員の役割です。この3者のチームワ
ークによって，よりよいサービスが行えます。

(2) 職員・音訳者に求められる基本的資質

　対面朗読を行うにあたっては，まず職員は「単なる場所貸
し」にならないよう，受付，場所の確保，音訳者の手配，資
料の手配を主体的に行うことが大切です。
　利用者が来館した際には，職員は「私は図書館の田中です。
対面朗読の部屋までご案内します」などと所属と名前をはっ
きり告げて挨拶をし，利用者の障害に応じた誘導方法で対面
朗読の部屋まで案内をします。
　音訳者は，守秘義務を持ち，利用者が安心して読みたい資
料を読める（聞くことができる）場づくりをします。読みの速
さ，声の大きさなど，利用者の要望を受けて行います。とき

には，利用者がメモ代わりに録音をしたり，点字でメモをとることもあるでしょう。また，利用者の疲れ具合を確認しながら適宜休憩をとったり読み続けたり，ここも利用者の希望に沿って行います。トイレ休憩が必要なときに，利用者が気兼ねなく言える雰囲気をつくることも必要です。

　対面朗読が終わったときには，職員が利用者を，図書館の出口まで案内します。当たり前のこととして図書館を利用し続けることができるよう，次の来館を歓迎する気持ちで見送られることは，利用者にとってとても嬉しいことです。

　このような一連の流れから，対面朗読に対する職員の資質は，プライバシー保護はもちろん，本に対する知識だけではなくコミュニケーション力が要求されること，音訳者にも音訳技術ばかりではなく，コミュニケーション力や職員と同等のプライバシー保護の意識が求められることがわかります。日ごろからのたゆまぬ研修を通じて，職員・音訳者がともに意識を高めていくことが必要です。

(3)　利用者の多様なニーズへの対応

　利用者が対面朗読を受ける理由はさまざまです。明確な目的がある場合だけではなく，「規則正しい生活を送るため」「人とのコミュニケーションをしたいため」「外出を楽しみたいため」と，どちらかというと生活の質そのものを向上させるために利用したいという場合も多くあります。一般の利用者でも，図書館を心の居場所にして1日ゆっくりと図書を閲覧して過ごす人がいます。「個人」を大切にする場，その人がその人らしく居られる場としての図書館を考えるとき，対面朗読利用者の来館にも1人1人異なる本来の目的があるのです。

しかし，あくまでも閲覧を保障する立場としては，図書館の立場を大切に守りつつ，図書館でできないことは他機関を紹介するなど幅広い視点での対応をしていきたいものです。

ときには，対面朗読中に利用者の雑談が止まらなくなってしまうこともあるかもしれません。人とのかかわりが少ない生活をしている利用者にとっては，人と触れ合えるこの場はとてもかけがえのないものだからです。しかし，あくまでもここは図書館資料を閲覧する場所です。音訳者は利用者の雑談を数分聞いてから，「では読みに戻りますね」とさりげなく本来の対面朗読に戻る，そんなメリハリをつけていきましょう。

図書館資料以外の対面朗読，たとえば役所から送られてきた書類の代筆，電気製品のマニュアル等の読みなどを頼まれることもあるかもしれません。そんなときには，「図書館はあくまでも図書館資料を扱うところである」ことを利用者に伝え，あわせてその書類を送った役所や，その電気製品の販売元に障害者への情報保障を求めていくことが，「障害を理由とする差別の解消の推進に関する法律」（「障害者差別解消法」）の理念からも大切なことになります。結果的に，そのことが役所等の障害者対応の向上にもつながります。また，電気製品などのマニュアルでは，図書館で読み上げをするよりも，企業の電話サポートなどを使って，利用者の自宅でその電気製品を目の前にしながらきめ細かい説明を受けて操作を知っていく方法や，企業からの出張サービスで操作方法を覚えるほうが，最終的には利用者の利便性が上がることにもなります。

対面朗読の中で，弱視の利用者から「今読んでいる本の一

180

部分を拡大してほしい」という依頼を受けるかもしれません。そんなとき，音訳者が大きな文字で書き写しを始めてしまうのではなく，図書館と相談して，職員による拡大コピーや，パソコンや手書き文字による拡大写本サービスとして受け付けるなどすれば，新たな障害者サービスへ橋渡しをしていける可能性も広がります。

　利用者からの要求は多様です。ときには，図書館でできないことについての要求もあるかもしれません。そんなとき「できません」「やりません」「わかりません」でその場を終わらせてしまうのではなく，「どうやったらできるか，やれるか」「どこに問合せしたらわかるか，できるのか」と常にアンテナを広げていくことにより，利用者の要求は，図書館を越えた新たなサービスへの可能性の原動力となるのです。

（4）　対面朗読のために用意しておきたいもの

　対面朗読用に以下のものを用意しておくとよいでしょう。

　辞書・辞典類：主に読みを調べるための国語辞典，漢和辞典，英和辞典といった基本的辞典類は対面朗読専用として揃えておきましょう。また利用者がそのとき読む資料に合わせた辞書・辞典類を臨機応変に用意しましょう。辞書・辞典類を利用者に合わせて用意する場合は，利用者の希望を聞いてから行いましょう。たとえば，ドイツ語が多用されている資料だとしても，利用者がドイツ語に堪能であれば，あえてドイツ語辞典を用意することはなく，音訳者が読みに詰まったときには利用者にどう読むか質問すればよいわけです。

　録音機：デイジー録音・再生機を用意しましょう。利用者は持参した CF カードや SD カードに，対面朗読の内容をメ

モ代わりとして録音する場合があります。なお，一部のデイジー録音・再生機では，CD-R・CD-RWへの直接録音も機能的にはできるものもありますが，CDへの直接録音は思わぬデータエラーになる場合もありますので避けてください。

　レーズライター・レーズライター用の用紙・ボールペン：ボールペンで書いた文字を立体的な線として触知できるレーズライターは，図形等を説明するときに用いると便利です。

　筆記用具（ペン，鉛筆，点字器）：音訳者や利用者がメモをとるときに用います。

　付箋：どこまで読んだかなどを音訳者がわかるようにしておくために本に貼って用います。

　対面朗読記録ノート：利用者の対面朗読の進捗状況などを記録しておくノートです。本来，読書記録は残してはいけないものなので，必要な場合のみ用います。

(5)　おわりに

　この項では，主に視覚障害者等活字を読むことが困難な人への従来の対面朗読を紹介してきました。しかし今後，手話により文字情報を伝える対面手話，知的障害の人などに対して，わかりやすく読める「リライト」と組み合わせた対面朗読など，大いに広がりの期待されるサービスといえます。

　「対面朗読室はあるけれど利用がない」という図書館を多く耳にします。待っていても誰にも届きません。利用者のいるところへ，団体へ，そして関連福祉機関などと連携して，積極的にPRの手を伸ばし，足を運んでいきましょう。

3.4 宅配サービス

（1） 宅配サービスとは
　宅配は窓口サービスの延長です。来館できない人や重いものを運べない人のために，図書館の窓口を利用者の自宅まで伸ばします。

　宅配利用者も，体調のよいときは来館し，図書館で雑誌を読んだり本を選んだりすることもあります。利用者の社会参加を支援する意味でも，個々の事情に応じて柔軟な利用ができる制度にします。さらに，宅配利用者が来館したときに，窓口でスムーズに利用できるよう，対応方法を職員に周知しておくことも必要です。

　なお，宅配は自宅配本サービスなどの名称で呼ばれることもあります。また，宅配先は自宅だけではなく，施設・病院等もあります。

（2） 対象者
　来館困難者として，肢体不自由者・児のほか，視覚障害者，精神障害や一時的な怪我や病気で行動を制限される人，病院や介護施設，矯正施設等の入所者，妊娠直前直後の妊婦，家族介護のため外出が困難な人などが考えられます。また，来館できても障害や高齢のため重いものが持てない人も対象となりえます。

　生活の中で図書館利用が途切れることのないよう，対象範囲を検討します。

(3)　宅配サービスの方法

　図書館職員や図書館協力者・ボランティア等が自宅や施設まで無料で届けます。

　ボランティア導入にあたっては，ボランティア活動や図書館活動への理解とともに，プライバシー保護についての研修も行い，ボランティア保険に加入します。ボランティア保険は，通常自治体の社会福祉協議会が窓口になっています。

　ボランティアが宅配を行う際は，宅配先でレファレンスや相談等の窓口機能は行えません。資料相談や利用相談は電話やメール等で職員が対応します。

　資料を運ぶために，中身が見えない宅配用バッグがあると便利です。

　訪問日時については，希望があった都度に調整する，定期的に行う，両方をまじえ，通常は定期的だが必要に応じてその都度実施する，などが考えられます。

　定期的に行う場合，個別に訪問する，コースを決めて巡回

写真　ファスナー付宅配バッグの例（調布市立図書館）

する，移動図書館が立ち寄るなど，個々の図書館の状況で可能な方法を検討します。

　最初から方法を限定しすぎると，利用が継続しないことがあります。継続しなかった場合は原因を考え，改善につなげます。

(4)　登録

　来館できない人が対象ですので，来館での登録以外に，電話や代理登録についても受け付けます。申し込みがあったら，必要に応じて宅配先を訪問し，改めて本人と話をします。登録要件を満たしているか，どのような要望があり，どの宅配方法が適しているか，どのような配慮が必要か確認します。たとえば1人暮らしの女性の場合，宅配者に女性を希望することもあります。

　訪問時の記録は職員が共有できるようにしておきます。専用の用紙に，地図や必要事項を記入できるようにしておくと便利です。

　宅配方法が決まったら，宅配依頼連絡先，返却，受け取り，予約，相談の方法など必要な事柄を具体的に説明します。あわせて連絡先，利用方法等をわかりやすくまとめた見やすいものを渡し，実際の利用につなげます。初回の訪問は今後の利用に影響するので，丁寧に行います。

　その他にも，わかりにくい場所の場合は入り口の目安になるものや，車を利用する際の注意点，訪問時に気をつけることも確認します。たとえば，下肢に障害がある場合，玄関に出てくるまで時間が必要ですし，代理の人が受け取ることもあります。ペットの有無などもチェックし，苦手な人が行く

ことのないよう配慮します。

（5） 利用継続のために

　利用を継続できるよう，利用者の要望を的確にとらえて，使いにくい部分を修正していくことも大切です。特に，始めたばかりのサービスは，利用実態と合わないことも多々ありますので，要望をとらえ修正していく必要があります。その際，図書館側の負担が大きすぎても長く続けていくことができません。双方の調整を図っていきましょう。

　要望は日常的にとらえるとともに，利用者懇談会等の場があれば活用します。宅配利用者は来館しての参加が難しいため，代わりにはがきや電話，メール，代理出席等で要望を聞き取るようにします。

　制度が安定するまでには時間が必要です。利用者，図書館協力者，図書館が協力してよりよい制度にしていきましょう。

3.5 点字・録音資料の郵送貸出

（1） すべての図書館で実施できる基本的なサービス

　点字・録音資料の郵送貸出は，最も基本的でしかもすべての図書館で実施できるものです。また，自館で障害者用資料を所蔵していなくてもかなりのサービスが行えます。まずは，その理由を説明しましょう。

　点字資料は重さの制限はあるものの，誰に送っても送料はかかりません。また，盲人用録音物は日本郵便株式会社から発受施設の指定を受けていれば，図書館と視覚障害利用者の間およびその指定を受けた図書館相互の郵便料金は無料です

（（2）参照）。つまり，図書館が視覚障害利用者に点字・録音資料を送ったり，相互貸借のために他の図書館等から借りたりすることが無料でできます。このサービスでかかる経費は，専用の郵送箱を準備するなどの消耗品の購入程度です。

　では肝心の資料はどうするか。点字・録音資料は市販のものが少しありますが，多くは全国の公共図書館や点字図書館が製作しています。この所蔵はサピエ図書館と国立国会図書館サーチという2つの全国総合目録サイトで簡単に調べることができます。しかも，相互貸借の申し込みはメール・FAX・電話等で行うことができます（詳しくはそれぞれの該当項目をご覧ください）。前述のように点字・録音資料の図書館間の送料はかかりません。つまり，全国の資料を取り寄せて，利用者に提供するシステムがあるのです。

　この相互貸借システムを活用して，全国の資料をあたかも自館の資料のように利用者に提供することができます。しかも料金はほとんどかかりません。自治体内の全図書館が行わなくてもかまいませんが，最低でも1つの図書館はこの郵送貸出を行うべきです。

（2）　準備

①　特定録音物等発受施設の指定

　第四種郵便の盲人用録音物を無料で郵送するためには，日本郵便株式会社の特定録音物等発受施設の指定を受ける必要があります。最寄の郵便局（本局）が窓口になります。一度指定を受ければよいので，過去に指定を受けている図書館では手続きは不要です。申込書には，図書館が視覚障害者（盲人）のためのサービスを実施していることを証明する書類が

必要となりますので，障害者サービスの利用規則等がない場合は規則を決めてから手続きをしてください。

②　消耗品

郵送貸出を行うための消耗品には，専用郵送箱（袋），CD-R，CD-RW，宛名カードがあります。専用郵送箱・袋は，盲人用具を扱っている点字図書館などで購入できます。

郵送箱や宛名カードには簡単な点字装備を行いたいところです。点字シールを貼り付けますが，それを作成するためには，携帯用点字器と点字シールが必要です。点字が打てるラベルライターのような機器もあります。

③　機器類

デイジーの図書や雑誌をコピーして貸し出すためには，CDコピー機があると便利です。もちろんパソコンでもコピーできますが，時間がかかります。

また，コピーして貸し出すものは，試聴してから提供します。そのためにもデイジー再生機が1台必要です。なお，資料製作も行っているところは，できあがったものの試聴は必ず行いますので，再生機は必須です。

サピエ図書館や国立国会図書館の全国総合目録サイトを検索したり資料をダウンロードするためには，インターネット環境のあるパソコンが必要です。CDに書き込みができるドライブがあることはもちろんですが，SDカードやCFカードが使える外付けカードリーダーがあると便利です。

（3）郵送貸出の方法

① 専用郵送箱と宛名カード（写真）

　前述のように，障害者用の点字・録音資料は視覚障害者（盲人）等に無料で郵送することができます。専用の郵送箱または袋を用います。テープやデイジーの郵送箱はそのままポストに入る大きさです。郵送箱（袋）には透明なポケットがついていて，そこに宛名カードを入れて使います。宛名カードは，表に利用者の名前と住所，裏に図書館の名前と住所を書きます。視覚障害者は裏表がわかりにくいので，たとえば図書館宛ての面に点字シールを貼るなどしてわかりやすいように工夫します。

　利用者が返却する際には，宛名カードを図書館宛ての面が

写真　郵送箱，宛名カード

表になるようにポケットに入れて，そのままポストに入れます。点字資料は大きすぎてポストに入りませんので，郵便局まで持っていくか，配達中の局員に返却を頼みます。なお，本来図書館からこれらの郵便物を発送するときは，特定録音物等発受施設指定の申請をした郵便局に持ち込みますが，そうでなくても受け付けてくれる場合があります。

② 相互貸借・全国総合目録の活用

どんなに大きな図書館でも，自館の所蔵資料だけで利用者の要求に応えることはできません。そこで，前述の全国的な相互貸借システムを利用します。この全国的な相互貸借システムを支えるものが，サピエ図書館と国立国会図書館サーチという2つの全国総合目録です。それぞれのサイトの資料検索画面で所蔵館を調べて，メールやFAX等で相互貸借の依頼をします。

また，この2つの総合目録は，現物の資料の貸し借りだけではなく，障害者用資料データそのものの収集と配信も行っています。図書館や利用者は，直接資料データをストリーミングで再生したり，ダウンロードして入手することもできます。

なお，図書館や学校図書館などで，サピエ図書館からデータをダウンロードしたり，オンラインリクエスト機能を使うには，会員登録し，年4万円の利用料がかかります。

③ 貸出管理

点字・録音資料は相互貸借資料がほとんどです。それらを自館の図書館システムに仮登録して運用することも可能です

が，貸出量が多い図書館ではその方法ではかえって時間がかかってしまいます。

　そこで，利用者が少ない図書館では紙による貸出管理，多い図書館では市販のデータベースソフトを用いて簡易な貸出システムを作り，それを使っているところもあります。利用者名・書名・著者名・相互貸借依頼館・依頼日・返却日・利用者貸出日・利用者からの返却日などがわかる一覧になっているとよいでしょう。

④　点字・録音雑誌の貸出

　点字録音資料には雑誌もあります。紙の点字雑誌は順繰りに貸し出すことになりますが，録音雑誌は一度に利用者数分をコピーして貸し出します。利用者は自分が関心のある雑誌を申し込んでおけば，定期的に図書館から郵送で借りることができます。録音雑誌は全国各地の点字図書館や公共図書館が重複を避けて製作しており，かなりの種類が製作されています。サピエ図書館に「点字録音雑誌一覧」が掲載されていますので参考にしてください。

　音声デイジー雑誌は，ほとんどがサピエ図書館からのダウンロードになります。サピエの施設会員はデータをダウンロードして，それをCDにコピーして利用者に提供します。施設会員でない場合は，会員である県立図書館等に依頼してCDで借りることになります。

⑤　読書相談，読書案内，目録の作成提供

　視覚障害者等の郵送で資料を借りる人には，世の中にどんな本があり何が流行しているかの情報があまりありません。

そのため，具体的な書名を指定してリクエストできる人ばかりではなく，同じ著者のものを聞いてみたいとか，時代小説が読みたいとか，刑事ものが借りたいとかという，あいまいなリクエストが多くなります。そこで図書館では読書相談や案内を積極的に行い，その利用者の求めているものを探して提供します。利用者と電話で話をしながらサピエ図書館の検索画面を使って，資料を案内することもよくあります。

　また，そのような利用者には，障害者サービス用資料の所蔵目録・新刊目録・テーマ別目録（所蔵資料に限らなくてもよい）等を製作し，提供したいところです。目録のような具体的に選ぶものがあるとリクエストしやすくなります。

(4)　点字・録音資料の貸出の現状

　点字・録音資料の貸出の大半は録音資料，しかも音声デイジーです。現在はカセットテープでの資料提供は減り，新しい本や雑誌は音声デイジーで製作されています。ただ，デイジー再生機の購入が難しい人や高齢で変化を好まない人が，カセットテープを利用することがあります。点字資料の貸出は点字データによるものが出てきているものの，全体の数パーセントしかありません。点字を読める人の減少等がその理由ですが，数が少なくても点字による読書が大切であることに変わりはありません。その他に，マルチメディアデイジー・音楽 CD 等もありますが，まだまだ提供できる資料も少なく，利用はこれからです。

　録音資料は視覚障害者だけではなく，高齢で目の不自由な人や肢体不自由・発達障害者等さまざまな人の利用が考えられます。ただ，視覚障害者には無料の郵送が可能ですが，そ

の他の人には無料で送ることはできません。そのため，窓口による貸出はもちろん，家族への貸出，近くの図書館へ資料の転送，宅配サービス，郵送サービス（有料）などを積極的に活用したいところです。また，今後は視覚障害者以外，とりわけ寝たきり状態の人などへの無料郵送ができるような郵便制度改正が待たれます。

3.6 一般資料の郵送貸出

　障害などにより図書館に来館が困難な人には，図書の郵送貸出を行います。サービスエリアの広い都道府県立図書館では，市町村立図書館のように職員が宅配することは困難ですので，郵送で資料を届けることもよい方法です。送料を全額図書館が負担する方法，片道のみ図書館が負担する方法，返却の際は市町村立の図書館の窓口で返却を可能とする方法など，さまざまな手法で実施されています。

　郵送貸出の利用者は書架を見てリクエストするわけではありませんので，図書館にどんな本があり自分の求めているものが何かよくわからない場合もあります。そのため，読書案内・読書相談・目録作成提供など十分な情報提供によって，利用者の求めているものを見つけ出す努力が必要です。

　郵送の方法は，郵便局が実施する「心身障害者用ゆうメール」（図書館用ゆうメール）を利用する方法，宅配便会社のメール便等を利用する方法，年間契約の宅配便を利用する方法などさまざまです。対象となる利用者・資料の形状・大きさ・価格等により最も適したものを利用します。ここでは心身障害者用ゆうメールを用いた郵送貸出について説明します。

心身障害者用ゆうメールは，日本郵便株式会社に届け出た図書館（図書館法（昭和25年法律第118号）第2条第1項に規定する図書館）と身体に重度の障害のある人，または知的障害の程度が重い人との間で，図書を安価で郵送・返却できるサービスです。このサービスで送ることのできるものは，図書・雑誌等の印刷物のみで，音楽CDやDVDなどの映像資料，本に付録するCDなどは送ることができません（宅配便会社にはこのような資料の縛りがありません）。料金は通常のゆうメールの半額ですが，2017年6月のゆうメール料金の改定後も心身障害者ゆうメールは旧ゆうメール料金の半額のままに据え置かれています。また，心身障害者用ゆうメールを発受しようとするときは，あらかじめ日本郵便株式会社指定の書面に，心身障害者用ゆうメールによる図書の閲覧業務に関する資料を添えて，実際に図書を送付する郵便局に提出する必要があります。

　図書館から本を発送するときは，本が傷まないように厚めの袋か箱に入れて，わかりやすい場所に赤字で「図書館用ゆうメール」（「図書館用冊子小包」の表示でも可能）と記載し，図書館の名称および所在地も記載します。また，中身が図書であることがわかるように一部を開封して発送します。さらに，返却しやすいように，返却時の宛名用紙を入れておくか，宛名カードにして裏返すと図書館に返却できるようにするなど，利用者が便利に利用できるようにします。返却の料金を図書館が負担する場合は，返却用の宛名に切手を貼っておくか，または費用が余計にかかりますが，返却を着払いとする方法もあります。

　心身障害者用ゆうメールで送ることのできる大きさは，長

さ・幅・厚さの合計が 1.7m 以内，重さは 3kg 以内となっています。それを超える場合は，複数個に分けて送るか，ゆうパックで送るかどちらか安い方法で行います。

　送付の際に同封できるものは，返却日を書いた文書，返信用の宛名などに限られ，利用者宛ての手紙を入れることはできません。そのため資料の申込方法として別途，電話・FAX・メール・インターネットなど多様な方法が必要です。Web OPAC でも該当利用者にはカウンター受け取りと郵送貸出を選択できるようにします。

　2021 年 5 月時点の心身障害者用ゆうメール運賃は以下のようになっています。

　150g まで 92 円，250g まで 110 円，500g まで 150 円，1kg まで 180 円，2kg まで 230 円，2kg 超 310 円

3.7　入院患者へのサービス（浦安市立図書館の場合）

（1）　病室内の患者への巡回貸出

　入院生活中でも読書が保障されれば，気分転換を図ったり，自分の病気の理解に役立つことも多いと思います。

　千葉県浦安市立図書館では，1991 年より病院サービスを始めました。対象の浦安市市川市病院組合葛南病院（同病院は1997 年，浦安市川市民病院と改称）が公立の施設だったこと，さらに付属看護専門学校の看護学生がボランティア活動として，1984 年より自分たちで本を持ち寄り，不定期に患者への本の貸出を行う巡回サービスを行っていたという好条件が，早期の実施につながりました。

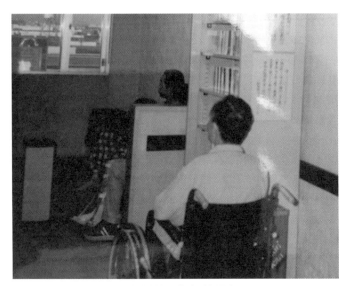

写真　整形外科病棟4階談話室図書コーナー

　1991年6月に病院側と打ち合わせを始め，同年11月には
まず，整形外科病棟に文庫本約1,000冊の団体貸出を開始し
ました。

　図書の利用については，病院側から感染への懸念が示され
ました。公共図書館の本は，不特定多数の人が利用するので
衛生的ではない，入院患者は抵抗力が著しく低下しているの
で，感染リスクがあると心配されたのです。図書館側では新
規に病院サービス専用の図書と殺菌庫を購入して，こうした
不安の解消に努めました。

　1992年5月7日には，ベッドサイドを巡回する病院サービ
スが始まりました。毎週火曜日の午後，「今から本の貸出を

写真　ベッドサイドに巡回貸出

始めます」という放送を合図に，本や雑誌，カセットテープ
を乗せたブックトラックを押して，看護学生2人と図書館職
員1人がチームを組み，2チーム6人が病室をまわり，コン
ピュータのポータブル端末を片手に貸出を行うようになった
のです。

　残念ながらこの巡回サービスは，2001年12月，看護学校
の閉校に伴い休止となりました。その代わりに，2002年12
月より病院内に専用の図書コーナーを設置してもらい，団体
貸出と図書のリクエスト受付および書架整理のため，週1回
1人の職員派遣と，月2回の小児科病棟での絵本の読み聞か
せを開始しました。

　その後，病院運営の民営化に伴い，2009年4月1日をもっ
て，浦安市川市民病院は社団法人地域医療振興協会に運営を
委譲し，病院名も「東京ベイ・浦安市川医療センター」に改
称しました。そして病棟の建て替えが行われることになり，
まず小児科病棟が閉鎖し，2009年3月末で絵本の読み聞かせ

が休止になりました。続いて同年6月末で図書コーナーも閉鎖，職員の派遣も休止となりました。

　建て替えが終了した東京ベイ・浦安市川医療センターは，2012年3月12日より診療を再開しました。図書館では，同年3月15日より小児病棟へ児童書を，5月23日より病棟待合室に新設された図書コーナーに，一般書を中心とした団体貸出を再開しましたが，規模は縮小されたものになりました。入院患者へのリクエストサービスの再開も働きかけていますが，病院側も徐々に診療や入院受け入れを拡大し，運営を軌道に乗せるのが最優先になっているため，もう少し時間がかかりそうです。

(2)　もう1つの市内総合病院へ

　順天堂大学医学部附属浦安病院でのサービスは，当初先行する浦安市川市民病院での巡回サービスに準ずるものを構想していましたが，病院側と調整した結果，次のような運営をすることで合意しました。病院側が書架を用意し，図書館から職員1人を週2回（火・金曜日，13時〜15時）派遣し，図書のリクエスト受付および書架整理をするというものです。図書コーナーは，1999年3月29日に開設しました（7時30分〜17時開室）。

　この体制は，2011年3月11日の東日本大震災まで続きます。震災の際は，病院内の書架・図書等に被害は出ませんでしたが，図書館職員が災害復旧に専念するため図書館が休館になってしまい，派遣は一時中止しました。同年5月の再開時より職員派遣時間を14時〜16時に変更し，午前中図書館のカウンター業務に従事した後に行けるよう調整しました。

写真　順天堂大学医学部附属浦安病院内図書コーナー

　2012 年 3 月，病院側の協力により，図書コーナーの案内を
入院案内のファイルに入れてもらえることになり，同時に電
話でのリクエスト受付を開始することで，派遣回数を週 2 回
から 1 回（金曜日）に変更しました。
　その後，同病院の改修工事の開始により，2014 年 12 月で
職員派遣を休止し，図書コーナーも閉鎖しましたが，リクエ
ストの受付は引き続き実施しています。リクエスト図書は，
患者が退院のときに警備員（受付に常駐）に預け，図書館は都
合のよいときに回収するという方法で無理なく運用できてい
ます。

(3) 入院患者へのサービスの問題と今後の展望

　ベッドサイドまで本などの資料を届ける巡回サービスは，患者にとって大変利便性の高いものでしたが，病院の関係者（付属の看護学生など）の同行なしの巡回は，病院にとっては保安上の問題もあり難しいようです。

　現在の順天堂大学医学部附属浦安病院の工事では，入院患者等が利用できるラウンジを作る予定があり，病院側も図書コーナーをそこで開設しようという構想があります。東京ベイ・浦安市川医療センターでも，現在，医療情報の提供を検討しているとのことです。今後の入院患者へのサービスは，病院側と連携して医療情報関連の資料の充実をさらに進める必要性が高まるのではないかと考えています。

3.8 施設入所者へのサービス

(1) 施設入所者へのサービスとは

　施設に入所しているために来館が困難な利用者。施設に通所しており図書館に来館することは可能ではあるものの，図書館側からの働きかけがないと利用が困難なため，施設を通したサービスが有効である利用者。この両者について，施設を拠点としてどのような図書館サービスが可能なのか考えてみましょう。

　施設貸出の主な方法は次の5つに分けられます。

　ア　図書館職員が施設内を巡回して貸出をする。
　イ　図書館職員が施設内の一定の場所で貸出する。
　ウ　施設内に自動車図書館のステーションがある。
　エ　施設内の図書室などに貸出する。

200

オ　施設内で活動するボランティア等に団体貸出する。

このうち，図書館が1人1人の利用者を把握して貸出できるのはア〜ウです。この方法は個人貸出の具体的な対象として利用者に接することができるので，理想的なサービス方法といえます。

イの施設内の一定の場所で貸出するやり方，ウの自動車図書館のステーションの場合も，高齢者施設などではその場所まで来ることのできない人もいます。そのため実際にはアとの併用が望ましく，その点を施設職員が補ってくれることを期待しています。いずれにしても施設へのサービスでは，いかにそれぞれの利用者の顔を思い浮かべて資料を届けられるかが肝心なので，個人貸出を基本に行いたいものです。

(2)　施設入所者へのサービスについての留意点

①　利用者の興味関心や資料要求を把握すること

一口に施設入所者・施設通所者といっても，それぞれの読むことにかかわる障害や興味・関心は千差万別です。自力で本を読むことが可能な人から，なんらかの支援がなければ資料を読んだり楽しんだりできない人もいます。その中で1人1人と接することによって，個々の資料要求を見つけていくことが求められます。時間をとって入所者や通所者と会話することで，その人の興味・関心を見つけることが肝心です。また，それらの人と日常的に接している職員などから情報を得ることも重要です。重度の障害者施設などでは，職員などが介在しないとコミュニケーションが難しい人もおり，家族や職員との会話があたかも本人との会話のように思われがちですが，極力本人と接して，その要望を引き出せるように努

力したいものです。

② 豊富な資料を提示し，選択の幅を広げる

図書館へ来られない人は，図書館の豊富な蔵書を前にして，その中から資料を選択するという利用ができません。したがって，施設を訪問する際にはできる限り多くのバラエティーに富んだ資料を持っていくこと，作家別の著書目録や分野別の新刊案内などを個別に製作して持っていく等，さまざまな試みを試してみたいものです。特に写真集やビジュアルな資料は，見るだけで楽しめるので有効です。

③ 制限を極力少なくする

個々人の資料を読むスピードや資料の用途などは千差万別です。中には体調を崩したり，気候条件によって一定期間読めない状態になる人もいます。また，施設入所者は，借りている本を読み終わったから次の本をすぐ借りにいくということができません。したがって，読むスピードの速い人の場合は，貸出冊数が少なければ次回訪問するまで読む本がなくなってしまうということになります。訪問機会（たとえば1か月）に合わせて，十分な量の資料を持っていって貸出するようにしたいものです。その点で，施設での個人への貸出では貸出冊数制限を廃止することが望ましいでしょう。

また，貸出期間についても柔軟に対応する必要があります。施設への訪問周期に合わせることは基本ですが，その期間では読み切れないという利用者もおり，数か月程度の余裕を必要とする利用者もいます。利用者の状況に合わせた貸出期間を考慮します。

来館困難な人へのサービスでは，単に資料を届けるというだけではなく，図書館以外の場所でいかに図書館利用に近いサービスを提供できるかが問われます。資料紹介なども含めて利用者と接する職員の力が求められます。

(3)　高齢者施設で求められるサービス

①　読み聞かせ

特別養護老人ホーム等，高齢者施設の入所者や通所者には紙芝居や朗読，絵本の読み聞かせなどがとても有効です。自分では読めなくても，誰かが読んでくれるのを聞いて楽しむことは十分にできる人が大勢います。また，そうしたプログラムの中に童謡や懐メロなどの歌を入れると，より多くの人が楽しんでくれます。

東京都墨田区立図書館では，特別養護老人ホームに毎月1回訪問していますが，図書館に次のような具体的要望が寄せられました。

ア　プログラムは画面の展開がわかりやすい紙芝居を中心にしてほしい。

イ　聞こえの困難な人も多いので，マイクを使っていても大きな声で話してほしい。

ウ　歌を多くしてほしい。

エ　出し物には紙芝居・絵本を問わず，日本の昔話など馴染みのあるものを入れてほしい。

歌を取り入れる場合にはカラオケやCDを使用するよりも，キーボードで伴奏できる人がいるとより歌いやすくなるでしょう。オリジナルの曲は概してキーが高く，テンポも速いので，そのままでは歌いにくい曲が多く，伴奏によってキーを

下げ，テンポをゆっくりにすると歌いやすくなります。

② 拡大写本

高齢者施設では文字が小さくて読めないという声は大きく，市販の大活字本でも字が小さいといわれてしまうことがあります。その点，手書きやワープロの 20〜24 ポイント程度の文字を使った拡大写本は非常に有効な資料で，利用も多くあります。

③ 地図など

入所している高齢者などは，昔住んでいたり暮らしていたりした場所への郷愁もあるので，その土地の地図や観光案内などが喜ばれます。

(4) 福祉作業所など障害者施設で求められるサービス

障害者施設の職員は，通所している人たちがそれほど本や資料を借りるとは思っていないようです。しかし，実際に訪問して貸出を始めると多くの人が資料を借り，次回の訪問を心待ちにしてくれたりします。それぞれ個別に好きな本や CD を聞き取り，リクエストも受け付けることで，さまざまな要望が出てきます。先述の墨田区立図書館が福祉作業所などでのサービスで感じたことや行ったことを以下に挙げてみます。

① 利用者の関心事を見つけることがとても重要

タレントや野球・サッカー，鉄道関係はもとより，お祭りが好きで神輿にとても関心を持っている人，時代劇が好きで

俳優の写真が出ているものを希望する人，決まったアニメしか興味を示さない人，必ず漫画 1 冊と CD 1 点を借りる人，手芸・料理の本，ペットの写真が載っているもの等々，概して興味や関心，借りる資料が決まっている人が多く，そうした個々の関心事を通してコミュニケーションを図ることができます。その上でその人の興味・関心に添う豊富な資料や CD を用意することで，図書館への親しみや貸出につなげることができます。そこからもう少し枠を広げて資料紹介ができるとなおよいでしょう。

② 利用者とコミュニケーションをとるのが難しい

福祉作業所などでは障害の程度がさまざまで，一人一人とどのようにコミュニケーションをとるかがとても大きな課題です。まったく話さない人，わずかに名前だけは確認できる人，同じ言葉を何度も繰り返すだけで要望がわかりにくい人，常に握手を求めてくる人，言語障害があって話していることを理解するのに時間のかかる人等々。「読んでみたい本があるが，他の人にあまり知られたくない」と話す人もいます。中には図書館に来館する人もいますが，他の職員にはその人の話す言葉が理解しづらいようで，すぐに担当者が呼ばれてしまうこともあります。大切なのは個々人と丁寧にコミュニケーションをとることで，職員全員でサポートできる体制が望まれます。

③ 今までの図書館資料の概念では，とても要望に応えることができない

アイドル系の雑誌とかビジュアルな資料，アニメ・漫画な

どを持っていかないと興味を示してくれない人も多く，そうした資料を購入していないために要望に応えることができないこともあります。絵本でも，絵本としての評価の高い多少抽象的な絵の作品よりも，アニメ系の絵本のほうがわかりやすい利用者がいます。しかし，そうした絵本は普通，選定から漏れて図書館では所蔵していないことが多く，要望に添って購入することも検討したいところです。絵本の善し悪しと障害者サービスの利用者の好みや理解のしやすさは，切り離して考えてもよいのではないでしょうか。

④　利用者のプライバシーを守ることが難しい

名前を確認できない人は施設の職員に聞かなければなりません。貸し出した資料が返ってこない場合には施設担当者に連絡をしますが，それでも返ってこない場合には親への連絡用紙を渡すこともあります。そうすると「CD は今後貸さないでほしい」などと保護者からいわれてしまうケースもあります。また，資料を見たり借りたりするところをまわりの利用者が見ていて，からかったり冷やかしたりすることもあり，一定の時間に一定の場所で貸出すると，本来の意味でのプライバシーが守れません。あるとき突然「もう借りない」などと言われて，その原因がわからないこともあります。一対一でゆっくりと時間をかけて資料を紹介し，貸し出す場があればこのようなことは少なくなります。その点で，図書館に来館してもらって対応することを積極的に進めたいものです。

⑤　資料を借りない人にも楽しんでもらえるように

福祉作業所などでも，資料を借りない人は半数くらいいま

206

す。高齢者施設でも同様ですが，そうした人にも本や紙芝居を楽しんでもらえるように，貸出が一段落したあとで，紙芝居を上演したり，絵本を読んだりするとよいでしょう。普段は一言も言葉を発することのない人であっても，紙芝居には興味を持ってくれたりします。タブレットに興味を示す人は多く，画面は少し小さいものの，絵本などのマルチメディアデイジー図書も楽しんでくれるでしょう。時間や場所があれば，マルチメディアデイジー図書をプロジェクターで壁などに上映して見てもらうことも効果があります。

⑥　福祉作業所側の心配

個人貸出を始めるときに施設側が特に心配するのは，利用者が本やCDをなくした場合にはどうなるのか？　ということです。墨田区立図書館の場合，そうした危惧については他施設での貸出状況を知らせ，これまで紛失や汚損・破損はほとんどないこと，施設での個人貸出ではあるけれど，団体貸出扱いとすることによって，仮にそのような汚損や紛失が起こっても，故意でない限り利用者個人に弁償などの責務を負わせないことを話しています。実際に学級文庫などに比べても，紛失や汚損・破損は多くありません。

3.9　電話・FAX・メール等によるサービス

来館が困難な人には，電話・FAX・メールによるサービスも準備してください。これらを利用して検索やレファレンスサービス，予約の受付などを行うことにより，図書館に行くことなく，図書館サービスを利用することができます。

特に視覚障害者にとって，電話でレファレンスの回答や資料検索結果，資料の一部などを読み上げてもらえることは，その場で内容が聞けるという点で便利なサービスです。

　障害者の中には，連絡手段に配慮することでコミュニケーションがとりやすくなる人もいます。中でもメールは，さまざまな障害者との連絡手段として有効です。重度の肢体不自由者で，体が動かせず，声も出せないという場合でも，意思伝達装置を使用してメールで連絡できる人がいます。盲ろう者でも，メールや点字なら通訳を介せず連絡できるという人もいます。

　視覚障害者がメールを使う場合は，音声読み上げソフトや点字ディスプレイなどで読み書きしています。なお，読み上げソフトは単語の途中で改行してしまうと正しく読み上げられません。視覚障害者へのメールは単語の途中で改行しないよう注意してください。

　聴覚・言語障害者は，電話で話すことは困難であるため，メールやFAX，郵便でも連絡を受けられるようにしてください。ただし，聴覚障害者の中に漢字の意味はわかり，手書きで漢字を書けるけれど，メールの文字入力は困難な人がいます。漢字の入力をするためには，漢字の読みを知っている必要があるわけですが，聞こえないと漢字の読み方を知らないことがあるのです。そのため，メールだけでなくFAXでも連絡ができるようにしてください。

　知的障害，失語症，聴覚障害者の中には，文章の読み取りが難しい人がいます。メールやFAXなどの文章は，短く簡潔に，具体的な表現で，わかりやすく書いてください。

　高齢になると，高音域から聞きづらくなるため，高齢者は

高い声よりも低い声のほうが聞きやすいことがあります。そのため，高齢者に電話で連絡する場合は，やや低めの声で，自然な口調で，ゆっくり，はっきり話すと聞き取ってもらいやすくなります。

　自分で話すことができない障害者の場合，通訳者が間に入って電話連絡をすることがあります。その場合，話をしている相手は通訳者ではなく利用者本人であることを意識してください。また，図書館では通常プライバシーの関係から他人にその人の利用状況について答えることはありませんが，通訳を通して話をしていても本人確認とその意思が明らかな場合は，本人と話していることと同じと考えてください（もちろん本人が直接話せる場合は，ボランティアや同行者ではなく本人と直接会話をしてください）。

　いずれの場合も，人によってわかりやすいコミュニケーション手段が異なります。どのような連絡方法がよいかを利用登録時などに聞いて，記録しておくとよいでしょう。

　電話やメール，FAX は直接会って話すのとは違い，互いの表情や仕草，状況などが見えません。お互いに誤解を生じないよう気をつけることも大切です。

3.10 障害のある子どもへのサービス

(1)　障害者サービス用資料展示「りんごの棚」

　「りんごの棚」とは，スウェーデン生まれの「特別なニーズのある子どもたちのための資料を展示した棚」です。すべての子どもに読書の楽しさを知ってもらうことが目的で，点字資料，触る絵本，録音図書など，多様な資料が置いてあり

ます。スウェーデンでは公共図書館におけるりんごの棚の活動によって，特別なニーズのある子どもや障害者のための資料に対する認識が高まりました。日本では埼玉県の小川町立図書館が，スウェーデンの担当者からりんごの棚の名称とロゴマークの使用許可を得て，2013年に初めて設置されました。その後，りんごの棚の名称やロゴマークはどの図書館でも自由に使えるようになり，さまざまな形に発展しながらりんごの棚への取り組みが全国に広がりつつあります。

　小川町立図書館のりんごの棚は，触る絵本や点字付き絵本，大活字本などの障害のある子も楽しめる資料を揃え，大きな文字とロゴマークの表示で，初めて図書館に来た人にも見つけやすくなっています。当初は児童室の入り口付近にありましたが，現在では広いスペースに移動して大きな棚に発展し

写真　小川町立図書館のりんごの棚

ています。

　一方，埼玉県川越市立高階図書館のりんごの棚は一般書の
フロアにあり，障害を理解する本が充実しています。たとえ
ば，ディスレクシアの子どもは読み書きに困難を抱えていま
すが，周囲から気づかれにくく，勉強をしない怠けた子と思
われてしまうような誤解を生じることがあります。障害を知
り適切な対応をすることで困難が解消することもあり，この
ような情報を求めている人にもりんごの棚は役に立ちます。
その他，障害を持つ本人のみならず周囲の人々の理解を促す
ために，一般的な資料としても興味を惹きそうな本，障害に
かかわる漫画なども展示しています。

　大阪府豊中市立岡町図書館では，図書館の中に棚を作るの
ではなく，りんごの棚の展示セットを学校や文庫等の外部に
貸し出しています。資料に加え，展示するための面展台や床
敷きマットまで貸し出すという至れり尽くせりのセットです。
利用者に資料を直接触れてもらうことは大切なことですが，
障害のある子どもは自分で図書館に来ることが難しい場合が
あります。岡町図書館の試みは，いかに資料と利用者を結び
つけるかという問題を解決する1つの方法です。

　公共図書館はすべての子どもたちを対象にしています。そ
れを考えれば，特別なニーズのある子どものための棚を作る
ことは，すべての図書館で取り組むべきことではないでしょ
うか。自分の図書館にはそういう利用者はいないから，必要
はないと考える人もいるかもしれません。しかし，見方によ
ってはサービスを行っていないから図書館に来ないのではな
いでしょうか。りんごの棚を設置することは，障害のある子
どもへのサービスを行っている＝子どものときから図書館に

親しむ下地を作ることにつながります。

　資料や予算がなくても棚を作ることはできます。障害者サービスの利用案内や，無料で手に入るパンフレット類のコーナーを作るだけでも意味はあります。自館で障害者サービス

写真　豊中市立図書館の「りんごの棚」展示セット

を行っていなければ，都道府県立図書館やサピエ図書館など
が行っているサービスを紹介する案内を置いてはどうでしょ
う。その後，利用状況を見ながら，自分の図書館の利用者に
合った資料を揃えて棚を発展させていけばよいのです。

　りんごの棚に定まった形式はありません。すべての子ども
に読書の喜びを知ってもらうために，多種多様なりんごの棚
が日本全国の図書館で見られることを期待しています。

(2)　手話のおはなし会

　手話のおはなし会を開くねらいは，聞こえる子どもが耳か
らの読書を楽しむのと同じように，聞こえない子ども（以下，
この項ではろう児）も目で見る「手話」による読書を楽しめる
ようにすることにあります。ろう児が手話から文字に親しむ
きっかけの1つになり，同時に，聞こえない親も子どもと一
緒にお話を楽しむことができます。

　聞こえる人にとっても，自分たちとは異なるコミュニケー
ション方法に触れることで，聞こえない人への理解の一助に
なることが期待されます。

　音声言語は，耳が聞こえていれば乳幼児の頃から自然に習
得できますが，聴覚障害があると音声が理解しづらくなりま
す。そのため，乳幼児期より前に聞こえなくなると音声言語
の習得が難しくなり，「読み書き」にも影響を及ぼします。こ
うした場合，目で見る言語である手話は，ろう児にとって身
につけやすい言語です。手話によるおはなし会で，ろう児は
無理なく本の世界を楽しむことができます。

　絵本の文章を手話に変えるためには，工夫が必要です。た
とえば，日本語では一単語で済む言葉が，手話では複数語必

要な場合があります。逆に，手話では瞬間的に表せることが，日本語では複数語必要な場合もあります。

　そのため，文章を音声で語りながら，手話で同時に表現することは困難です。また，語り手は子どもたちに顔を向けているため，絵本を見ながら語ることができないので，お話の内容を暗記して語ることになります。一方，ろう児は手話と同時に絵を見ることができません。そのため，聞こえる子どもも含めて子どもたちが絵を見ている間は，語りをしないで待つことも必要です。

　紙芝居は絵を見てから手話を見る，という切り替えがしやすいので，手話のおはなし会に向いています。ほかに，エプロンシアターも手話と舞台となるエプロンを同時に見ることができるので，手話のおはなし会に向いています。

　絵本の読み聞かせをするときは，本を手に持ちながら手話で語ることはできないので，絵を描くときに使うイーゼルや譜面台などに絵本を立てます。絵本はしっかり開くように癖をつけておくとよいでしょう。

　手話ができる人でも，聞こえる人は自然な手話で語ることは難しいので，できれば読む絵本などの文章の手話表現を，事前にろう者に確認してもらいましょう。こうした事前の準備は職員にろう者がいればよいですが，いなければ，ろう団体などに協力してもらうことも考えられます。手話は地域，習得時期・環境によって表現が少し異なるので，地元のろう団体などと協力しておはなし会を行うのがよいでしょう。

　また，お話を語る人はおはなし会の中でろう児から反応があったときに，手話で簡単な会話ができる力もつけたいところです。

現実的にはろう児の数は少ないため，ろう児だけのおはなし会は，ろう学校を除くと難しいかもしれません。大阪府の枚方市立図書館では，ろう児も聞こえる子どもも一緒に楽しめるおはなし会を開いています。この図書館では，絵本の読み聞かせは，手話で語る人と音声で語る人とがそれぞれ別にいます。両方の語りが次のページに移るタイミングが揃うように読み進めるといった工夫をしています。

　聴覚障害者，特にろう者・ろう児にとって，読み書きの力が身につけば，世界が広がります。おはなし会が1つの機会になり，ろう児が楽しみながら「本が好き，読むのが好き」になれる環境を整えたいものです。

写真　手話のおはなし会

（3）　特別支援学校等への取り組み

　特別支援学校は全国に 1,146 校あり，その内訳は，視覚障害 82 校（5,083 人），聴覚障害 118 校（8,175 人），知的障害 786 校（131,985 人），肢体不自由 352 校（31,094 人），病弱 151 校（18,863 人）となっています（いずれも 2019 年 5 月 1 日現在，括弧内は幼稚部から高等部までの在籍者数で，複数の障害を併せ有する子どもについては障害ごとに重複してカウントしていますので，在籍者の実数は 144,434 人）。生徒数は前年に比べて約 1,000 人増加して，過去最高を更新しています。特徴的なのは，特別支援学校在籍者の 90％に知的障害があることです。

　また，特別支援学級数は小学校と中学校の全国 66,307 学級（276,676 人）で，その内訳は知的障害 29,004 学級（128,567 人），肢体不自由 3,135 学級（4,671 人），病弱・身体虚弱 2,510 学級（4,035 人），弱視 536 学級（626 人），難聴 1,287 学級（1,885 人），言語障害 703 学級（1,547 人），自閉症・情緒障害 29,132 学級（135,345 人）となっていて，児童生徒数の実に 95.4％を知的障害と自閉症・情緒障害が占めています。

　東京都墨田区立図書館では，特別支援学級に月 1 回程度定期的に訪問して絵本などを読んでいます。その経験から，担当者は「初めの頃は集中できなくて席を立ったり，教室から出て行ってしまったりしていた子どもが，半年経ったくらいからお話を聞くようになり，1 年後にはストーリーテリングまで楽しめるようになった」と語っています。また，受け入れ側の担任の先生は，校内の研究集録に「学級の児童は，図書館の方々による読み語りを毎月楽しみにしている。また，読み語りの後には楽しいお楽しみの時間を用意してくださっている。手品の時間・工作の時間・ゲームの時間など内容は

216

盛りだくさんで，季節にあった催しを用意してくださるので，普段は四季に興味が向かない児童も季節感に触れられるよい機会となっている」と書いています。このような事例から，図書館が特別支援学校や特別支援学級と定期的な交流ができれば，さまざまな可能性が広がるのではないかと思われます。

　特別支援学校や学級への取り組みについては，東京都立多摩図書館が刊行した『特別支援学校での読み聞かせ－都立多摩図書館の実践から』（2013）を参照してください。

　まず冒頭には「特別支援学校での読み聞かせ6つの手法」が提起されています。「1. 寄り添って読む，2. 一部分を読む，3. ダイジェストで読む，4. 読んだことを体験する，5. クイズをしながら読む，6. 繰り返して読む」の6点は，さまざまな障害のある子どもに対する読み聞かせの工夫としてとても参考になります。

　特に今まであまり取り上げられることのなかった「3. ダイジェストで読む」試みには「文章どおりに読まれると，理解できない子供，最後まで聞くことが難しい子供には，ストーリーをかいつまんで話したり，言葉をやさしく言いかえたりして，読みましょう。ストーリーの本筋に沿って，本の持ち味を損なわないように，伝えてください」と記されています。

　8年間にわたって読み聞かせなどを行ってきたろう学校での読書支援では，耳慣れない言葉を普通の言葉に言いかえる例などが載っています。この冊子では，子どもの障害（知的障害，肢体不自由，聴覚障害，視覚障害）に応じた絵本やお話を紹介し，実践の中で子どもたちが喜んだり興味を示した絵本95冊を，あらすじや特色，読み聞かせのコツを交えて掲載し

ています。さらにおはなし会のプログラムやブックトークの事例、わらべうたなども掲載されています。

　特別支援学校や学級で利用されている資料に、マルチメディアデイジー図書があります。伊藤忠記念財団では、マルチメディアデイジー図書を全国の特別支援学校・学級に寄贈する事業を進めてきています。マルチメディアデイジー図書は現在およそ600タイトルほどありますが、伊藤忠記念財団では寄贈先でマルチメディアデイジー図書がどのように活用されているかというレポート『マルチメディア DAISY 図書わいわい文庫活用術』を2013年から毎年刊行しており、特別支援学校や特別支援学級、公立図書館での実践例が豊富に載っています。これらも、伊藤忠記念財団のホームページからも読むことができます。

　活用術5（2017年）には、どのような利用者がマルチメディアデイジー図書を利用しているかというアンケート結果が載っています。それによると、特別支援学校や学級で伊藤忠記念財団のマルチメディアデイジー図書を利用している利用者は知的障害392校、自閉症スペクトラム224校、学習障害183校、注意欠陥・多動性障害170校、肢体不自由168校、視覚障害95校、聴覚障害45校、病弱44校、外国籍21校という結果になっています（「2016年度『わいわい文庫』利用アンケートの結果と考察」専修大学・野口武悟）。この結果を見ても、多くの障害のある子どもたちがマルチメディアデイジー図書を利用しており、特別支援学校や学級へのサービスで欠かせない資料になっていることがわかります。

参考文献

　小林ソーデルマン淳子・吉田右子・和気尚美『読書を支えるスウェーデンの公共図書館』新評論　2012　p.168

　ジェニー・ニルソン「『りんごの棚』物語　特別なニーズのある子供たちを公共図書館サービスの対象とするための一手段」2010 DINF（障害保健福祉研究情報システムホームページ）

　新山順子「特別なニーズのある子供のためのコーナー『りんごの棚』を設置しました」2016 DINF（前掲）

　鶴巻拓磨「川越市立高階図書館における『りんごの棚』への取り組み」2016（カレントアウェアネスポータル）

　豊中市立岡町図書館『豊中市の図書館活動　平成 28 年度版』豊中市立岡町図書館　2017　p.5

4章 障害者・高齢者に配慮した施設・設備

4.1 図書館までのアプローチ

（1）駅・バス停からの道

　図書館の最寄り駅やバス停からのルートを確認してみましょう。公共交通機関から図書館へのルートはわかりやすいでしょうか。

　迷わないで安心して歩けるよう，目立つところに道案内の看板をつけます。見つけやすくシンプルでわかりやすいものにします。図書館から帰るための案内板も忘れないでください。往復の兼用が難しいようでしたら，それぞれ必要な位置につけるようにします。

　視覚障害者のためには点字誘導ブロックを設置します。弱視の人のためにも，点字ブロックの色は，はっきり視認できる黄色にします。公道への案内板や点字ブロックの敷設については，関係部署と相談してください。

　バスや電車の時刻表を図書館の入り口付近に貼るのもよいでしょう。必要に応じてタクシー会社の電話番号も掲示します。高齢者や内部障害の人など疲れやすい人のために，バス停には椅子があるとよいでしょう。バス会社と相談してみてください。

　これらは，実際に利用者と一緒に確認し，意見を聞くこと

で気づかなかった点を教えてもらえることがあります。

（2） 横断歩道

　視覚障害者のための音響装置付信号機の設置が望まれます。ただついていればよいというわけではありません。実際に視覚障害者に使ってもらい，点字ブロックと位置が合っているか，押しボタンの位置から横断歩道を安全に渡れるか，渡った後の進行方向はわかりやすくなっているかなどを確認し，不便な点があったら，警察と相談して対応しましょう。

　高齢者や身体障害者のことも考慮し，歩行者用青信号の時間が十分にあるか確認します。

（3） 送迎

　1人で図書館まで来られない利用者には，必要に応じて最寄り駅やバス停からの送迎を行います。車椅子を使って送迎する場合もあるでしょう。図書館の立地によっても対応できる範囲が違ってくるため，対応範囲や方法は利用者と十分に相談してください。

　コミュニティバスなどのルートに図書館が入っていない場合は，入れてもらえるよう働きかけるのもよい方法です。

（4） 障害者用駐車場

　入り口に近い位置に設置します。車椅子の人は乗り降りの際に傘をさすのが難しいため，駐車場所から館内まで濡れずに入れるよう配慮します。一般の利用者によって障害者用駐車場が塞がれてしまうことのないような管理も必要です。

(5)　誘導チャイム，インターフォン

　入り口に誘導チャイムを設置します。視覚障害者は音を目安に安心して入り口に向かうことができます。センサーで人が来たときだけ鳴らすタイプもあります。夜間など不要な時間はスイッチを切りましょう。音量は周囲の状況に応じて設定します。繁華街など喧噪の大きな場所では，ボリュームを上げたり，静かな住宅地では近隣への配慮も必要になります。

　入り口に段差があったりして，館内に入るのに手助けが必要な場合，車椅子からでも手が届きやすい位置にインターフォンを設置します。これは車椅子の人だけでなく，ベビーカーを使っている人などにも便利です。施設によっては，階段の上下に取りつける必要があるかもしれません。

　また館内にもインターフォンや呼び出しボタンを数か所取り付けて，サポートが必要な場合に職員に知らせる方法があります。また，手助けが必要な人には，あらかじめ携帯型の呼び出しボタンを渡す方法もあるでしょう。

4.2 図書館の施設・設備

(1)　バリアフリーな視点（建物，照明，書架や家具の配置等）

　2006 年 12 月 20 日に施行された「高齢者，障害者等の移動等の円滑化の促進に関する法律」（「バリアフリー新法」）により，新しい建物についてはかなり整備されています。

　しかし，古い建物については不十分な点も多く見られます。サインの変更や段差の解消など，できることはたくさんあります。すぐに取りかかれることはもちろん，予算の必要なものなどもぜひ改修等の対応を行ってください。新築や改修の

際は，さまざまな当事者の意見を取り入れ，よりよいものを作っていくことが大切です。これからいくつかの事項について例を挙げますが，この内容に限定されず，誰でも使いやすい図書館になるよう工夫してください。

　国土交通省のホームページには，2012 年公表の「高齢者，障害者等の円滑な移動等に配慮した建築設計標準」やチェックリストも紹介されていますので，目を通しておくとよいでしょう。各自治体のバリアフリーに関する条例等も確認しましょう。

①　照明

　まぶしすぎず，かつ必要な明るさを確保します。暗いと足元が確認できず危険なこともあります。消費電力節約のため照明を落とすところも多いのですが，安全を犠牲にしないよう注意してください。照明の「むら」も歩きにくさにつながることがあります。館内の光の方向や光量，また書架への光の当たり方によっては，まぶしく見にくいこともあるので合わせて留意しましょう。

②　書架

　書架間隔は，車椅子利用者と一般利用者がすれ違えるよう書架芯で 180cm は確保したいところです。210cm あると，車椅子同士や，車椅子とベビーカーがすれ違うことができます。せっかく広い書架間隔にしても，ブックトラックや展示台，パンフレット架等が通路にはみ出していると使いにくくなるため，それらの置き方にも注意してください。

　書架の最下段を床から 30cm 程度高くすると，車椅子のフ

ットレストにのせた足が書架下部に入り，本が取りやすくなります。収蔵能力は下がりますが，車椅子利用者だけでなく，かがみにくい高齢者や妊婦等にとっても使いやすくなります。「取れない本は職員がお取りします」といった表示も必要ですが，利用者自身で取れる範囲を広くして，心理的負担を減らしましょう。

③ 椅子

椅子は，座面の高さが 40cm を超えると女性や高齢者には高すぎることがあります。また高齢者など筋力の弱い人には，ひじ掛けや机が立ったり座ったりの動作をサポートしてくれます。重さや動かしやすさにも配慮しましょう。

座面が低く柔らかく，奥行きの深いソファは，すっぽり包まれ気持ちよいものですが，立ち上がるのに力が必要です。高いスツールは，格好よく若者には好評でも，体の安定を保ちにくい人には危険です。使う場所や利用者層によって，導入する椅子を選びます。

④ 机

車椅子と電動車椅子では，必要とする机の高さが違います。多くのバリエーションを用意できない場合，高さの変えられる机を導入しておくのもよいでしょう。机や椅子の配置を考えるときは，人が座っている状態や，着席する際や椅子の後ろを通る人のスペースにも注意を向けてください。

⑤ 色

たとえば，弱視の人は床と壁の色が同じだと進む方向がわ

かりにくいことがあります。移動をサポートするような色への配慮も必要です。表示の色はカラーバリアフリーにも配慮します。

⑥　麻痺の人等への配架の配慮

高齢化に伴い麻痺のある人も増えています。たとえば，片麻痺のある人は片手で図書館を利用します。書架に本を詰めすぎて，片手で本が取り出せないということがないよう適切に書架を管理します。雑誌架なども片手での使いやすさをチェックしてみましょう。

(2)　点字誘導ブロック

視覚障害者の利用を想定した動線上には，点字誘導ブロックの敷設が必要です。図書館の出入り口からカウンターや対面朗読室までたどり着けるよう，適切な場所に敷設します。

館内に誘導ブロックを敷設する場合，車椅子や足の不自由な人の通行にも考慮し，またブックトラック通行時に大きな音が出ることなどの問題にも配慮が必要となります。そこで，館外用とは異なるゴム等の材質のものを使用するなどの工夫も考えられます。逆に，不必要な個所に敷設しないよう，場所にも配慮してください。入り口からエレベーター，トイレ，職員のいるカウンターには誘導ブロックが必要です。なんらかの事情でそこまで敷設できない場合は，職員が気づいて誘導できるようにしましょう。

(3)　階段，スロープ

階段は歩幅や高さが一定になるようにしてください。らせ

ん状のものは，場所により歩幅が変化してしまうため好ましくありません。階段がある建物では，できるだけエレベーターを設置することはいうまでもありません。また，滑り止めや手すりをつけ，段数を表す点字表示や誘導ブロックの設置も必要です。

(4) エレベーター

車椅子専用操作パネル，鏡，手すりを設置し，操作パネルには点字表示，また音声での案内などをつけます。緊急時のインターフォン呼び出しボタンには応答灯をつけ，応答時はランプが点滅したり，テレビ電話になっていると，聴覚障害者でも応答していることがわかりやすくなります。

エレベーター内は，車椅子でも方向転換ができるくらいの広さを必要とします。

(5) 障害者用トイレ，多目的トイレ

段差がなく広いスペースを設けているトイレは「身障者用トイレ」または「車椅子用トイレ」などと呼ばれていますが，最近では車椅子利用者に限らず，高齢者や人工肛門をつけている人，赤ちゃんを連れた人など，さまざまな理由から一般の公共トイレを使いにくいと感じている人にも対応できるようになってきました。「多目的トイレ」をはじめ，「多機能トイレ」「みんなのトイレ」「だれでもトイレ」などの名称で呼ばれています。

便器まわりは車椅子でスムーズに方向転換ができるように，両側に十分なスペースを確保し，横の壁には手すりをつけます。トイレによっては，便座の部分に背もたれや肘掛けがつ

226

いている場合もあります。背もたれや肘掛けなどがあること
で，楽に座ることができます。個々の身体状況により，適切
な位置が異なるため，できるだけ多くの人が使いやすいよう
な配慮が必要です。

　また，視覚障害者の利用を考えると，以下のような注意が
必要になります。

　　ア　タッチパネルや平坦なスイッチではなく，しっかりし
　　　　たボタンがあること。

　　イ　ボタンに点字表示があり，流すボタンと非常ボタンの
　　　　区別ができるようになっていること。

　　ウ　手をかざすだけのスイッチはわかりにくいので，ボタ
　　　　ンも合わせて設けること。

　病気や事故などによって消化管や尿管が損なわれ，腹部に
ストーマと呼ばれる人工肛門や人工膀胱をつけている人のこ
とをオストメイトといいます。このような人は，腹部の排泄
口につけられたパウチ（袋）に排泄物を溜めるので，パウチに
溜まった排泄物をトイレに流す必要があります。オストメイ
ト対応の設備があると，シャワー洗浄なども可能で，楽に排
泄物を流すことができます。

　幼児用の設備として，赤ちゃんのためのおむつ交換用ベビ
ーシートも必要です。転落防止のベルトがついていて，折り
畳み式になっているものが多く，必要ないときには畳んでお
けます。

(6)　手すり

　主に歩行補助用と，動作補助用の2種類があります。歩行
補助用は階段・廊下やスロープに設置する手すりで，移動し

ながら手を滑らせ必要なときにしっかり握って使います。動作補助用はトイレなどに設置され，その多くがI型・L型手すりと呼ばれ，縦または横の手すりを使って動作を補助します。

　視覚や運動機能に障害がある人や主に大人が利用する，歩行補助手すりの高さは床から75〜85cm程度です。幼児や背の低い人，車椅子でスロープを移動する人には60〜65cm程度の手すりを追加した2段手すりがあると，いろいろな障害に対応できます。

(7)　緊急時の連絡システム

　音声での案内はもちろんですが，非常時に聴覚障害があっても気づくように，点灯するランプや電子表示板やモニターでの案内が必要です。電子表示板やモニターは，非常時以外にも，図書館からのお知らせなどを流すことで活用できます。

(8)　補聴援助システム

　騒音や部屋の反響音，話し手との距離，相手の声質などにより，補聴器が使用者の聴きたい音をうまく拾えず，聴こえ難くなる場合があります。そこで，補聴器を利用している人が，聴きたい音のみが聴こえるように支援するのが「補聴援助システム」です。

　いくつかの種類がありますが，ここでは受信機として，使用者の補聴器がそのまま使える磁気誘導ループ（ヒアリングループ）を紹介します。

　たいていの補聴器には，音を拡大する機能とは別に，誘導コイルと呼ばれる磁気を感知する機能があります。誘導コイ

ルは，テレホンコイルとも呼ばれ，本来は電話の音を明瞭に
聴くために開発されたものです。

　この機能を応用したものが磁気誘導ループです。これを使
うときは，話し手はマイクを使います。そのマイクの音が電
気に変換され，専用のアンプを通して，補聴器利用者のまわ
りに設置されている電気コード（アンテナの役割をします）な
どに流れて磁力を発生させます。その磁力を補聴器の「誘導
コイル」が拾い，マイクからの音だけを明瞭な音として補聴
器で聴くことができます。

　補聴援助システムには，磁気誘導ループ以外にも，磁力を
使わない，赤外線やFM電波を利用するものもありますが，
利用者には補聴器以外の専用受信機が必要になります。

　図書館では磁気誘導ループを会議室やホール，カウンター
まわりなどに設置して，補聴器使用者を支援しているところ
があります。図書館での催し物や各種会議などの場面に設置
されていると，補聴器使用者は助かります。さらに，聴覚障
害児は補聴器を装用しているケースが多いので，おはなし会
などにも使えるとよいでしょう。

　磁気誘導ループは，機器の種類や設置方法などいろいろな
タイプがあります。小型，軽量でさまざまな場面で使用でき
るものや，ホールや部屋全体をカバーするものもあります。

　これは障害者サービス全般に言えることですが，障害者へ
の機器は，本の貸出のように日常的に利用されるサービスで
はないので，その存在が職員，利用者ともに忘れられ，利用
されなくなる危険性があります。特に補聴援助システムは，
世の中に広く知られているとは言えず，補聴器を利用してい
る人自身もシステムに対する知識がない場合があります。そ

れが，システム設置への要求が出にくくなる要因にもなります。図書館としては，積極的な広報と定期的な機器使用法の職員研修などが必要です。

　また，補聴援助システムを設置さえすれば，補聴器使用者への配慮が整うわけではありません。補聴援助システムの効果と限界を常に意識すべきです。利用者の反応や使用状況を観察し，使用後に利用者の意見を聞くことで，今後のサービスの改善，発展につなげたいものです。

4.3 図書館内の表示

(1) 案内・看板などの文字

　表示は誰にとってもわかりやすいものになるように配慮しましょう。文字は大きめにし，読みやすい字体（ゴシック体など）を使います。専門用語ではなく，わかりやすい簡潔な表現にし，色覚障害者や高齢者にとってわかりやすい色を使うことも大事です。さらに，点字の併用や，音声ガイドの導入も考えてください。

　また，それらを設置する位置や高さ，それ以前に必要な場所に設置されているかどうかをしっかりと検討してください。

(2) ピクトグラム

　ピクトグラムは一般に「絵文字」「絵単語」などと呼ばれ，情報や注意を促すために表示される視覚記号（サイン）の一種です。ピクトグラムを併用することで，なんらかの理由で文字が読めない人（幼児，高齢者，母国語が日本語でない，知的障害がある，ディスレクシアなど）にもわかりやすい表示にするこ

230

とができます（2.2(8) 「ピクトグラム」の項も参照してください）。

(3)　点字表示

　点字表示は手で読むものなので，手に触れる高さになければいけません。誘導ブロックなどと組み合わせて，行きたい場所にたどり着けるよう，基本的に案内や看板にはすべてつけますが，無理なく触れる場所に別置するなど，工夫する必要があります。特に，階段の上り口・下り口での行き先や，踊り場・階段などを知らせる表示，トイレ，エレベーターのボタンやインターフォンなどには，必ず設置するようにしましょう。

4.4　視覚障害者等のための障害者サービス用機器

(1)　パソコン

　視覚障害者の多くは，一般的な市販の Windows パソコンに，スクリーンリーダー（画面読み上げソフト），画面拡大ソフト，音声ブラウザなどを導入して使用しています。
　視覚障害者のパソコンの利用方法の特徴は，以下の 3 つです。
　ア　視覚障害者，特に全盲者はキーボードでパソコンを操作します。たとえば，スタートメニューを開くには「Windows キー」，アプリケーションのメニューを開くには「ALT キー」，アプリケーションを終了するには「ALT キーを押しながらファンクション 4 キー」などです。Windows の操作はほとんどがキーボードからできるよ

うになっています。

イ　弱視者の場合は，見え方によってパソコンの使い方が異なりますので，個別の対応が求められます。たとえば，画面拡大のみで利用する人，スクリーンリーダーとの併用，スクリーンリーダーだけで利用する人などがいます。画面拡大で利用する人でも，さらに専用の画面拡大ソフトを利用する人，Windows やアプリケーションのフォント設定だけで利用できる人，ハイコントラストを利用する人とさまざまです。

ウ　文字入力の方法もさまざまですが，健常者と同じようにローマ字や仮名入力する人と，点字入力（6点方式の入力）する人がいます。点字は6つの点の組み合わせで五十音を表しますが，それぞれの点をキーで見立てます。一般的にはホームポジションの6つのキーを点字のそれぞれの点のキーとして使います。この点字入力はスクリーンリーダーの機能の1つとして搭載されている場合もありますが，点字入力をする専用ソフトも発売されています。しかし，キーボードの中にはこれら6つのキーを同時に押すことを受け付けてくれないものがあります。また，ノートパソコンでは，視覚障害者が多く使う「[Home] [End] [Page Up] [Page Down] キー」などのキーがついていないこともよくあります。音声パソコンを導入する場合には注意してください。

(2)　点字ディスプレイと点図ディスプレイ

　視覚障害者の中には，パソコンの画面情報を音声だけではなく点字出力を併用して利用する人がいます。盲ろう者など

音声によるパソコン利用が困難な人も点字出力を利用しています。この点字出力を行うには，点字表示装置「点字ディスプレイ」（点字ピンディスプレイ）が必要です。

点字ディスプレイは，カーソル行の，あるいは，ポインター位置の文字を，ピンを点字のように浮き出させて表示するものです。この装置は，パソコンに専用のソフトウェアを入れて使用します。1999年から盲ろう者を対象に厚生労働省の「日常生活用具給付事業」（「11.6　福祉制度」の該当項目をご覧ください）の対象機器となり，その後視覚障害者にも拡大されました。図書館が購入する場合にはこの制度は利用できません。購入検討の際はこの点に注意してください。国内ではケージーエス株式会社の「ブレイルメモシリーズ」と，有限会社エクストラの「ブレイルセンスシリーズ」がその中心です。

点図ディスプレイは，パソコン画面に表示される絵や写真，文字情報をピンを浮き出すことで表示し，それを触って確認できる機器です。インターネットの画面やスキャナーから取り込んだ情報を，リアルタイムで触覚で確認できます。国内ではケージーエス株式会社の「ドットビュー DV-2」が発売されています。

(3)　点字プリンター

点訳ソフト（点字エディタ）や自動点訳ソフトで製作した点字データを打ち出すための装置です。1台30万円台のものから数百万円のものまであります。中には点図を打ち出す機能を持ったものもあります。国内で多く用いられているのは，株式会社日本テレソフトと株式会社ジェイ・ティー・アール

の点字プリンターです。印刷文字と点字が同時に打ち出せる
もの，両面印刷できるもの，音の大きさなどそれぞれ特徴が
ありますので，導入時には比較検討が必要です。

(4)　音声読書機

　音声読書機は，パソコンを使用せずに，単体で印刷された
活字文書を音声で読み上げる機器です。読書機の所定の位置
に読みたい印刷物を置き，スイッチを押すだけで印刷物の読
み上げを行うことができます。別売りのディスプレイをつけ
れば拡大読書器としても使用できます。認識率はかなり高く
なっていますが，誤読も多く，図や表，段組の多い本や新聞
などは読めません。図書館に備えることで，視覚障害者が活
字の本を音声と拡大した文字にて利用することが可能になり
ます。

　株式会社アメディアの「よむべえスマイル」は，手書きの
文書や点字も読むことができる，DVD も再生できるなどの
特徴があります。株式会社アイフレンズの「とうくんライト」
は，点字ディスプレイによる表示，点字文書の読み上げなど
ができます。両者は，現在最も公共図書館に導入されている
機器です。他館ですでに所蔵しているものを見学させてもら
って，使い勝手を検証しましょう。

　その他，アイネット株式会社の「よみあげ名人」などの機
種があります。

(5)　視覚障害者用音声 SP コード読み上げ装置

　紙に印刷された 2cm 四方の SP コード（二次元音声情報）を
読み上げる機械です。SP コードは，パソコンの専用ソフト

で作成し紙に印刷して使います。

1994 年に日本視覚障がい情報普及支援協会の溝口 僖（さとし）が「活字文書読み上げ装置」の概念を考案しました。その後，2002 年に株式会社廣済堂が「スピーチオ」を製品化し，2003 年から厚生労働省の「日常生活用具給付事業」の対象機器となりました。2005 年から，日本福祉サービス株式会社が「テルミー」を発売しています。近年では，スマートフォン用の無料アプリでも利用可能となっています。

しかし，音声コードの入った図書や資料はほとんどありません。せいぜい一部の役所からの文書に入っているくらいです。音声コードは誰でも作れることと即時性に優れていますが，そもそも入れられる情報量（文字数）がかなり少なく，障害者への情報提供という意味でははなはだ不十分です。現在では，音声デイジーやマルチメディアデイジーのように優れた資料があるのと，そもそもわざわざコード化しなくても文字そのものを直接読む技術が確立してきたこともあり，すでに歴史的なものといってよいかもしれません。

(6) デイジー再生機

利用者が館内でデイジー図書を閲覧するほか，職員がデイジーを貸し出す際の再生確認をするためにも，図書館にもデイジー再生機が必要です。

デイジー再生機には，再生専用機と録音もできるものの 2 つのタイプがあり，それぞれに卓上型と携帯電話型があります。これらは，2004 年から「日常生活用具給付事業」の対象機器となっています。

卓上型は CD をそのまま入れるもので，その他の記録メデ

ィアに保存されたデイジーも再生できるようになっています。録音と再生ができる機種としては，これまでにシナノケンシ株式会社の「プレクストーク PTR1」と「PTR2」が発売されてきましたが，両者とも新製品の発売により販売を終了しています。また，再生専用機として「PTN1」と「PTN2」が発売されてきましたが，こちらもすでに販売終了となっています。

2017 年 6 月に上記の後継機種として，卓上再生専用機「PTN3」が発売されました。さらに，再生と録音が可能な「PTR3」はパソコンを使わずに，インターネット上のサピエ図書館の資料にアクセスできる「デイジーオンラインサービス」に対応した卓上型デイジー録音再生機です。インターネット接続は有線 LAN・無線 LAN に対応しています。

これらは，標準でついている「すっきりカバー」を装着すれば，再生に必要なキーだけが使えるようになっており，初心者でも簡単に利用できます。カバーを外せばすべての機能が利用できるようになります。その他，「PTR3」はテキストデイジーの高音質の読み上げができるほか，約 5GB の内蔵メモリ・SD カード・USB メモリが使用でき，お気に入りのデイジー図書を保存したり，録音することもできるようになっています。

その他，小型のデイジー再生機器としては，「プレクストークポケット PTP1」と，「プレクストークリンクポケット」の 2 機種があります。「PTP1」は SD カードに保存したデイジー図書を再生することができます。「リンクポケット」はその他に録音ができる，内蔵メモリーにデータを保存できる，デイジーオンラインサービスが利用できる等の特徴があります。外付けの CD ドライブと無線親機が付属しています。

236

(7) スマートフォン・タブレットなど

スマートフォン・タブレットなどは、視覚障害者にとどまらず他の障害者にも多く使われています。タブレットにデイジー図書などを保存して閲覧用に用いたり、短期的な貸出を行ったり、資料展のデモ用として利用している図書館もあります。

視覚障害者には、iPhone や iPad などの iOS 端末が最近広く用いられています。iOS には以下のようなアクセシビリティ機能が標準搭載されています。

ア　スクリーンリーダー「VoiceOver」
イ　音声認識・音声入力「Siri」
ウ　画面拡大「ズーム」
エ　点字表示「ブライユ点字ディスプレイ」

また、iOS 製品だけではなく Android の音声読み上げ機能も徐々によくなってきました。Kindle など、音声読み上げできるアプリも増えてきていますが、iOS に比べると対応するものがまだまだ少ない状況です。

(8) 立体コピー機

立体コピーは、特殊な紙を使って図を浮き出させて、触ってわかるようにするものです。対面朗読で図・グラフ・写真などを読む場合や、館内の案内図を作成するときなどに使用します。

立体コピーの作成方法は、まず図を普通の紙に書き、それを立体コピー専用の紙「カプセルペーパー」にコピーします。これを立体コピー機（加熱する機械）に通すと、カーボンが特殊インクと反応して浮き出て、触ってわかるようになります。

図は手書きでもかまいませんが，細かい図はすべてが浮き出てしまうために不向きです。ケージーエス株式会社の立体コピー機「PIAF（ピアフ）」は，立体コピーとしては比較的に安価なため，図書館の導入事例も多いようです。

(9)　点字ラベラー

　点字の書き方がわかっていれば，安価な携帯型点字機で作ることも可能ですが，数多く作る場合は点字ラベラーが便利です。点字ラベラーは，点字シールに点字と通常の文字を同時に打ち出すことのできるものです。図書館名の点字表示，デイジー図書などのタイトル表示や館内の点字表示サインなどに用います。ケージーエス株式会社の「点字ラベラーBL-1000LINK」があります。

4.5 　障害のある利用者のためのコンピュータソフトウェア

（1）　スクリーンリーダー（画面読み上げソフト）

　図書館で視覚障害者のための音声パソコンを設置する場合，スクリーンリーダーと呼ばれる画面読み上げソフトが必要です。

　スクリーンリーダーは，画面の文字を読み上げるほか，ファイルのオープンやクローズ，メニューやダイアログ項目，アプリケーションが表示するメッセージ，入力内容など，画面上のさまざまな情報を合成音声で読み上げます。

　主なソフトとして，「PC-Talker」（株式会社高知システム開発），「JAWS」（有限会社エクストラ，フリーダムサイエンティフィック：アメリカ），「FocusTalk」（株式会社スカイフィッシュ），「NVDA」

（NV Access：オーストラリア）があります。

　このうち，国内で最も利用されているのが PC-Talker です。PC-Talker に対応したアプリケーションとして，音声ブラウザ「NetReader NEO」，ニュース閲覧ソフト「MyNews NEO」，読書閲覧ソフト「MyBook V」，活字 OCR ソフト「MyRead7」（いずれも株式会社高知システム開発）などがあります。マイクロソフトの Word や Excel や Internet Explorer などにも対応していますが，十分とはいえません。

　海外では JAWS が最も用いられているスクリーンリーダーです。その理由は Word や Excel，Access，パワーポイント，Internet Explorer など一般の人が使うことのできるソフトの音声化がよくできているからです。ただし高価なことと，使いこなせるまでに時間がかかるという問題点があります。しかし，図書館で視覚障害職員が音声に対応した業務システムを使って，貸出，返却，予約，資料管理，検索をするためには，JAWS は最適なソフトといえます。

　NVDA は，最近急成長しているソフトです。無料で入手できます。予算化が難しい場合や他のソフトの導入までのつなぎに用いるという使い方も考えられます。

(2)　音声ブラウザ

　インターネットを音声パソコンで閲覧するには，スクリーンリーダーと Internet Explorer の組み合わせで使うことができます。しかし，視覚障害者には少し使いにくい部分があります。そこで，Web での操作に特化した音声ブラウザを紹介します。

　主なソフトは，NetReader NEO，「Altair for Windows」（石川

准）です。NetReader NEO は PC-Talker 上で動く音声ブラウザです。文字・行・単語ごとの読み上げができるほか，見出しジャンプ，表の読み上げ，ページ内文字列検索，PDF ファイルの読み上げなどが可能です。

　図書館内にある OPAC をスクリーンリーダーで読み上げるのは難しいケースがほとんどです。しかし，この音声ブラウザを使えば，図書館のウェブページを開き，図書の検索・予約等を行うことができます。つまり WebOPAC として使用することができるのです。

(3)　画面拡大ソフト

　弱視や高齢者などのために，画面のメニューやボタン，文字を拡大するためのソフトです。画面反転機能は，背景を黒地にして白や黄色で文字を表示するほうが見やすい人たちに使われています。現在，国内で Windows 用として発売されている主な画面拡大ソフトは，「ZoomText」（有限会社エクストラ）です。

　なお，マイクロソフトの Windows には標準で簡易画面拡大ツール「拡大鏡」がついています。軽度の弱視者や高齢者にはそれで十分な場合もあります。

(4)　活字 OCR ソフト

　印刷物を自動に読み上げる方法として，パソコンにスクリーンリーダーと活字 OCR ソフトを組み合わせる方法があります。しかし，一般の OCR ソフトでは視覚障害者が操作しにくいものも多いので，音声読み上げに特化した活字 OCR ソフトをご紹介します。

主なソフト名は,「らくらくリーダー」(アイネット株式会社),MyRead7,「よみとも 10」(株式会社アイフレンズ)です。MyRead7 は PC-Talker 上で操作しますが,他の製品はその他のスクリーンリーダー上でも動作します。最近は活字文書だけではなく,手書きのものを読めるようになったり,点字文書を読めるようになったりと,機能が向上してきました。

(5)　点訳ソフト(点字エディタ)

　点訳ソフトは本来,点訳者や点訳ボランティアがパソコン点訳をするためのソフトです。点字図書を製作している図書館では必須のものですが,視覚障害者は点字図書データをパソコンで読むこともできるので,このソフトを使って点字ディスプレイで読んだり,音声出力で聞くことができます。サピエ図書館などからインターネット上の点字データをダウンロードして,この方法で利用するケースが増えています。

　「点字編集システム」(テクノツール株式会社)は,サピエ図書館の点訳形式である BES 形式に合致しており,多くの点字図書館や公共図書館で利用されています。点字文書の作成だけではなく点図の作成も可能です。ほかに無料の点訳ソフト「T・エディタ」(加藤文彦)や無料の点図作成ソフト「エーデル」(藤野稔寛)があります。

(6)　自動点訳ソフト

　自動点訳ソフトは,通常の文章を分かち書きされた点字データに自動変換し,点字プリンターで印刷することができます。テキストデータはもちろんですが,Word 文書・HTML文書・PDF 文書も点字に変換できるものがあります。

ただし，自動点訳でできる点訳結果は完全ではありません。特に固有名詞の読みや，点字独特の分かち書きには誤りが生じがちです。そのため校正は必要です。自動点訳ソフトでは「EXTRA」（有限会社エクストラ）が広く使われています。

コラム

....

視覚障害者がスマートフォンやタブレットで利用できる便利なアプリ

※以下の情報のうち記載のないものは iOS でのみ動作確認
　を行っております。

ア　Kindle（AMZN Mobile LLC）
　　Amazon の電子書籍リーダー。リフロー型の書籍は
　　VoiceOver で読み上げ可能。Android の TalkBack にも
　　対応。
イ　iBooks（Apple）
　　Apple の電子書籍リーダー。リフロー型の書籍は
　　VoiceOver で読み上げ可能。
ウ　Audible（Audible, Inc.）
　　プロのナレーターが朗読したさまざまなジャンルのオー
　　ディオブックが聞ける。
エ　図書館日和（hiKnowledge Software）
　　全国 5,000 館以上の図書館に対応した蔵書検索・予約が
　　できるアプリ。
オ　iよむべえ（Amedia Corporation）
　　活字文書の認識および読み上げを行うアプリ。視覚障害
　　者向け。
カ　毎日のニュース Newsdaily for iOS（Nobuyuki
　　Kondo）ニュースアプリ。

キ BlindSquare（MIPsoft）
　GPS とコンパスを使用して現在地を取得。周囲の施設
の情報を収集，連絡先を入手，Twitter のフィードやお店
のメニューを開く，電話をかける，目的地に設定する，ル
ート案内などができる。
ク NHK 日本語発音アクセント新辞典（辞書 by 物書堂）
　NHK が放送現場で使用する最新のアクセントを収録。
見出し語は約 7 万 5000 語。すべての語にアナウンサーに
よる音声を収録。
ケ UDCast（Palabra Inc.）
　映画・映像の音声から同期情報を得ることで，スマート
フォンやタブレット端末で字幕表示，音声ガイド再生等を
行うセカンドスクリーンのサービス。
コ HELLO! MOVIE（Evixar Inc.）
　スマートフォンやスマートグラスで映画の字幕と音声ガ
イドを楽しめるアプリ。
サ Seeing AI（Microsoft Corporation）
　視覚障害者向けトーキングカメラ。ユーザーの周囲の状
況について説明するアプリ。短いテキスト，ドキュメント，
製品，人，通貨，色，明るさ，他のアプリの画像を識別可
能。
シ Sullivan Plus（TUAT Inc.）
　文字と顔認証，画像あるいは物体の描写を音声で提供す
る。視覚障害者向け。
ス Envision AI
　視覚情報を音声に変換する OCR アプリ。紙の文書，画
像や PDF 文書，手書きの文書の読み上げ，周囲の情報の
説明，バーコードから製品の情報を取得するなどが可能。
セ OCR-pro（Gen Shinozaki）
　画像上の文字をコピペ可能なテキストデータにする
OCR アプリで認識精度が高い。

4.6 読書支援機器

(1) ルーペ，拡大鏡

　高齢化が進んでいることなどから，一般の利用者にも拡大鏡やルーペのニーズは高まっています。カウンターに用意しておくものとしては，度の違う数種類の簡易的な老眼鏡と，それとは別に，柄のついた虫眼鏡タイプのものがあるとよいでしょう。

　老眼鏡は手が塞がらないので，新聞などを広げて読む際に便利です。また，利用申込書やリクエストカードなどの記入の際にも，眼鏡タイプは重宝します。しかし，図書館が用意していた老眼鏡の度数では合わないというときには，虫眼鏡タイプで対応します。虫眼鏡やルーペのよいところは，必要な部分だけ拡大できることです。本や雑誌の欄外の細かい文字だけ拡大が必要というようなときに便利です。

　最近では，スマートフォンのカメラズーム機能などを駆使しながら情報を得ている人も増えていますが，ルーペなどを使用しなくても見やすいように，利用案内の拡大版を用意したり，館内掲示物は A4 判から A3 判に変更するなど，あらかじめ文字の大きさに配慮したものを製作することも大切です。

(2) 拡大読書器

　拡大読書器の主な利用者は弱視者と高齢者です。弱視者の見え方はさまざまで，暗いところが苦手な人，まぶしさに弱い人，視野の狭い人，たとえ同じ視力でも，その見え方は十人十色です。

　拡大読書器は，単に拡大できるだけでなく，次のような機

能があります。

　ア　オートフォーカス

　ピントを自動で合わせる機能です。拡大率も自由に変えられるものが多いので，それに合わせて自動で調整してくれます。ただし，古いタイプには利用者がピントを合わせるものもあります。

　イ　白黒反転

　黒い背景に文字を白く映し出す機能で，文字がはっきりと見えやすくなり，長時間使用した場合の疲労感が軽減されます。

　ウ　コントラストの強調

　白い紙に黄色やピンクのような淡い色の文字が書かれている場合，それをクリアに映し出す機能です。

　拡大読書器には据え置き型と携帯型があります。据え置き型は，机の上などに置いて使います。本を置く台が下方にあり，その上にモニターがついています。本を置く台は前後左右に軽く動くようになっていて，自分で動かしながらモニターに映る画像を見ます。見やすいように画面の角度が変えられるものも増えており，光や照明が画面に当たって見づらいようなときには角度を調整できます。拡大読書器を設置する場所は，そのような光の当たり方に留意することと，周囲からの視線の届き具合も考慮したいところです。画面を大きく表示するものですから，置き場所によっては，何を読んでいるのか，他の利用者の目につきやすくなります。

　携帯型拡大読書器は，スマートフォンのように，表面には液晶画面が，裏側にはカメラがついており，据え置き型に比べ安価です。書棚に持っていき，本の背表紙や請求記号を確

認したり，見やすい明るさの席で読書するなど，場所を選ば
ず利用できます。

　拡大読書器を対面朗読室の中に設置する例も見受けられま
すが，そうすると利用者は，使用したいときに職員に声をか
けなくてはならない，対面朗読室が使われていると利用でき
ないなどの問題が生じます。そもそも拡大読書器があること
自体が広く知られていない，拡大読書器で利用者が読みたい
資料は一般閲覧室にあるということを考えれば，一般資料の
付近に置いておくのがよいでしょう。

　これらの拡大読書器とは別に，パソコンで使う活字資料読
み上げソフトや単体で使う音声読書器には，画面に文字を拡
大表示する機能を持ったものがあります。しかし，このよう
なソフトは紙に書かれている文字情報を認識して画面へ表示
するものですから，文字化けしてしまうことがあるほか，写
真やイラストなどは拡大表示されません。

　その他，拡大読書器についての情報は，視覚障害者支援機
器を取り扱っている業者や，ロービジョンルームを設置して
いる眼鏡店のウェブサイト，当事者団体である「弱視者問題
研究会」のウェブサイトなども参考となります。

(3)　リーディングトラッカー

　リーディングトラッカーは，読書補助具の1つで，タイポ
スコープやリーディングスリットともいわれています。読み
たい図書のページや，文書の特定の行に焦点を当てながら読
み進めることができます（写真）。キハラ株式会社がリーディ
ングトラッカー，リーディングルーペを販売していますが，
紙をくりぬくなどして図書館職員が自作することもそれほど

246

写真　リーディングトラッカーの使用例

難しくはありません。

　もともとは視覚障害（視野狭窄や黄斑変性など）のある人の読書補助具でしたが，現在では，ディスレクシアのある人の読書にも有効なツールであることがわかっています。

(4)　レーズライター

　レーズライターは表面作図器ともいいます。A4サイズのゴム製の板の上部に紙おさえ（クリップ）がついており，板の上にビニール製の特殊な用紙を固定して使います。これにボ

ールペンで強く描くと，その跡が浮き上がり，描いたものを指先でたどって認識できるようになります。なお，ビニール製の用紙にボールペンのインクが染み込まないと手が汚れる場合があるので，インクの出ないボールペンを使う方法もあります。

　また，ゴムの板と透明なビニール用紙の間に，コピーした紙の原稿を挟み込み，その上から描くことで，原稿に合わせた線を描くこともできます。

　対面朗読などの際，言葉で説明するより形を触って確かめる方法が適しているもの（図表や地図，文字の形など）を説明するときにレーズライターを使うと便利です。

　ただし，多くの情報を細かく描き込みすぎると，描いたものを指先でたどって認識することが困難になります。情報を絞って必要なものを簡潔に描くようにしましょう。

写真　レーズライター

4.7 ホームページ作成で配慮すべきこと

(1) ウェブアクセシビリティ基準

　ウェブアクセシビリティとは，身体に障害や不自由のある利用者にも配慮して作成されたウェブサービスを提供することで，アクセスした誰もが容易に情報を共有できる状態にあることをいいます。ウェブアクセシビリティは2000年5月の総務省指針の発表をきっかけに，2004年6月21日にウェブアクセシビリティを規定した日本工業規格「JIS X8341-3」が交付され，2010年と2016年にその改訂が行われています。

　「JIS X 8341-3:2016」は，高齢者や障害のある人を含むすべての利用者が，使用している端末，ウェブブラウザ，支援技術などにかかわらず，ウェブコンテンツを利用することができるようにすることが目的です。その目的を達成するためのウェブコンテンツが満たすべきアクセシビリティの基準として，「レベルA」（最低レベル），「レベルAA」，「レベルAAA」（最高レベル）という3つのレベルの基準が定められています。

　図書館など自治体のホームページも，このアクセシビリティ基準を意識して作成する必要がありますが，最近，独自のウェブアクセシビリティ方針の策定と公開をしている図書館も増えています。そのほとんどがレベルAAを達成目標としています。

　さらに総務省は，公的機関がウェブアクセシビリティの確保・向上に取り組む際の手順等を解説した「みんなの公共サイト運用ガイドライン（2016年版）」およびホームページのウェブアクセシビリティ評価ツール「みんなのアクセシビリティ評価ツール：miChecker（エムアイチェッカー）Ver.2.0」を

2016 年 4 月に発表しています。具体的取り組みはそれらも参考にしてください。

・「閲覧：日本産業標準調査会−JIS X 8341-3:2016 高齢者・障害者等配慮設計指針−情報通信における機器，ソフトウェア及びサービス−第 3 部：ウェブコンテンツ」

　http://www.jisc.go.jp/app/jis/general/GnrJISSearch.html

　（JISC 日本産業標準調査会 JIS 検索にて，「JISX8341-3」で検索してください）

・「購入：JSA Web Store−JIS X 8341-3:2016 高齢者・障害者等配慮設計指針−情報通信における機器，ソフトウェア及びサービス−第 3 部：ウェブコンテンツ」

　https://webdesk.jsa.or.jp/books/W11M0090/index/

　（JSA Web Store にて，「JISX8341-3:2016」で検索してください）

・「JIS X 8341-3:2016　解説　2016 年 4 月版」（ウェブアクセシビリティ基盤委員会）

　https://waic.jp/docs/jis2016/understanding/201604/

・「ウェブアクセシビリティ方針策定ガイドライン　2016 年 4 月版」（ウェブアクセシビリティ基盤委員会）

　https://waic.jp/docs/jis2016/accessibility-plan-guidelines/201604/

・「情報バリアフリー環境の整備　みんなの公共サイト運用ガイドライン（2016 年版）」（総務省）

　https://www.soumu.go.jp/main_sosiki/joho_tsusin/b_free/guideline.html

(2)　具体的基準，留意点

　以下，ウェブアクセシビリティ，レベル AA に準拠する基準や，読み上げソフトを配慮した注意点，その他利用しやす

いホームページにするための留意事項を記載します。

① 主な配慮事項

ア　コントラスト

コントラストとは色の対比のことで，これがはっきりしていることで利用者が背景の上にあるテキストを読みやすくなります。レベル AA では，テキストおよび文字画像の視覚的提示には，少なくとも 4.5 対 1 のコントラスト比がある，レベル AAA では 7 対 1 のコントラスト比があるとされています。コントラストが大きいかどうかは，白黒印刷や目を細めてみるとわかります。

イ　文字の色

弱視や色覚障害の人にも読みやすいホームページを作ることが重要です。青文字や紫文字はリンクを連想させますので，使用は控えてください。また，白背景での黄色い文字も大変読みにくくなります。

ウ　見出しなど構造化されたホームページの作成

レベル AA では見出しおよびラベルは，主題または目的を説明しています。レベル AAA では，セクション見出しを用いて，コンテンツが整理されています。

エ　リンク

リンクされている部分の文字だけで，その内容がわかるよう，リンク先のタイトルをリンク内に含めます。読み上げソフトにはリンク部分のみ読み上げる機能があり，それに対応するためです。たとえば「こちら」とか「ここ」だけをリンクにするのではなく，「蔵書点検のお知らせ」とか「バリアフリー映画会のお知らせ」など，具体的なリンク先のページが

わかるタイトルをリンクとする必要があります。2つのリンクが連続している場合，上肢が不自由な人は意図したほうのリンクをクリックしづらく，健常者でもリンクが2つあることに気づきにくいものです。そのため，行を変える，リンクとリンクの間に文字を入れるなどしてわかりやすく記述します。また，リンク対象文字が1文字や2文字だと，クリック対象として小さすぎ，上肢の不自由な人はマウスでクリックしづらいので避けてください。

　オ　表

　表は左上から横にその行を読み，最後の列まで読むと次の行を読んでいきます。したがって横に読み進めてわかる表にしてください。

　カ　機種依存文字（環境依存文字）を使用しない

　機種依存文字を使用すると，文字化けしたり，文字が表示されなかったり，音声で読み上げられなかったりします。①などの丸つき数字などがそれに該当します。なお，文字コードがUTF-8で記述すれば利用は可能であるとされていますが，なるべく使用しないほうがよいでしょう。どうしても使う必要がある場合は，画像化した上で，代替テキスト（alt）で仮名表示して音声読み上げに対応する方法があります。

　キ　映像コンテンツ

　音声ガイドと字幕が必要です。

　②　読み上げソフトへの対応

　ア　漢字にできるものは記号を使わず漢字を使用します。

　イ　年号表記は2017/09/01ではなく，2017年9月1日と書いてください。

ウ　記号は音声化できないものもありますので，できるだけ使わないでください。たとえば，㎞や㎥でなくキロメートルや立方メートルと書いてください。

エ　英語は全角ではなく半角で表記してください。

オ　複数の読み方がある漢字は特に注意が必要です。また，同音異義語があり間違いやすいものについては，他の言い回しにすることも検討してください。

カ　画面上の見栄えをよくするために，文章の途中で改行を入れてはいけません。画面拡大ソフトを使っていると表示される1行の文字数が変わってしまうので，レイアウトが崩れてしまいます。

キ　単語と単語の間にスペースを入れないでください。
「日　時」は「ひ　とき」と読まれてしまいますので「日時」と書きます。レイアウトや見た目のためにスペースを入れることはしないでください。

ク　画像化された文字は読めませんので，その場合はテキストで説明してください。また，PDFのチラシは画像でなく必ずテキスト情報を入れてください。

ケ　写真などの画像には代替テキスト（alt）を必ず入れてください。画像の説明とその中に書かれている文字情報を記載します。写真の説明やタイトルがテキストとして記載されている際は，二重で読まれることを避けるために代替テキストの入力は不要となります。視覚的な補助画像（線など）に対しては代替テキストは不要です。

(3)　ウェブアクセシビリティのチェックツール

以下のようなチェックツールを用いることで，ホームペー

ジが障害者に利用可能か，JIS に準拠して作られているかを確認することができます。

　ただし，JIS の 2016 年版に対応しているツールは，現状では「miChecker（エムアイチェッカー）Ver.2.0」など少数で，今回ここで紹介するものも 2010 年版に合わせて作られたものが中心です。

・「miChecker Ver.2.0」（総務省）
　https://www.soumu.go.jp/main_sosiki/joho_tsusin/b_free/
　michecker.html
・「WorldSpace Comply」（ミツエーリンクス）
　https://www.mitsue.co.jp/service/accessibility/worldspace.html
・「aViewer 2013 日本語版」（インフォアクシア）
　https://weba11y.jp/tools/aviewer/
・「Web Accessibility Toolbar 2012J」（インフォアクシア）
　https://weba11y.jp/tools/wat/
・「カラー・コントラスト・アナライザー」（インフォアクシア）
　https://weba11y.jp/tools/cca/
・「Web Developer」（chrispederick）
　https://addons.mozilla.org/ja/firefox/addon/web-developer/
・「Another HTML-lint 5 アクセシビリティチェック」（ジゾン）
　http://www.htmllint.net/wac/ja/
・「WAIV −ウェブアクセシビリティ評価ツール」（ユー・アイズ・デザイン）
　http://www.ueyesdesign.co.jp/waiv/
・「Markup Validation Service」（W3C）
　http://validator.w3.org/

・「CSS Validation Service」（W3C）

　http://jigsaw.w3.org/css-validator/

・「NoCoffee Vision Simulator」（Google Chrome アドオン）

　https://chrome.google.com/webstore/detail/nocoffee/jjeeggmbnh

　ckmgdhmgdckeigabjfbddl

（4）　図書館のウェブアクセシビリティ方針

　図書館独自にアクセシビリティ方針やアクセシビリティポリシーを掲載しているところがあります。以下に図書館ホームページに掲載されている主なものを紹介します。

・「国立国会図書館ウェブアクセシビリティ方針　平成 30 年 12 月改訂版」

　https://www.ndl.go.jp/jp/accessibility/policy.html

・「埼玉県立図書館／ウェブアクセシビリティ方針」

　https://www.lib.pref.saitama.jp/accessibility.html

・「大阪府立図書館ウェブアクセシビリティ方針」

　http://www.library.pref.osaka.jp/site/info/accessibility.html

・「ウェブアクセシビリティ方針 – 三重県立図書館」

　http://www.library.pref.mie.lg.jp/?page_id=108

・「東京都立図書館_サイトポリシー」

　https://www.library.metro.tokyo.jp/tabid/2192/Default.aspx

・「横浜市立図書館　ウェブアクセシビリティ方針」

　http://www.city.yokohama.lg.jp/aboutweb/webaccessibility/acce

　ssibility-policy

・「ウェブアクセシビリティ方針｜川崎市立図書館」

　https://www.library.city.kawasaki.jp/webaccessibility.html

・「お問合せ：アクセシビリティについて　名古屋市図書館ホームページ」

https://www.library.city.nagoya.jp/toiawase/accessibility.html

・「アクセシビリティポリシー：稲城市立図書館」

http://www.library.inagi.tokyo.jp/?page_id=323

・「アクセシビリティ　川越市立図書館」

https://www.lib.city.kawagoe.saitama.jp/accessibility-policy/

・「ホームページ運用方針－四日市市立図書館」

https://www.yokkaichi-lib.jp/?page_id=138

参考資料

国土交通省ホームページ

https://www.mlit.go.jp/jutakukentiku/build/barrier-free.html

参考文献

西川馨『優れた図書館はこう準備する』教育史料出版会　2006

結城俊也『パッと見てピン！動作観察で利用者支援－理学療法士による 20 の提案』（JLA 図書館実践シリーズ　36）日本図書館協会　2017

5章 職員, 音訳者などの図書館協力者

5.1 障害者サービス担当職員の責務

(1) 障害者サービス担当職員の仕事

　障害者サービスを担当する職員は, すべての図書館に配置する必要があります。専任・兼任は職員数や組織により異なりますが, できるだけ複数置いてください。「障害者への対応は全員で行うので全員が担当者です」という図書館がありますが, それはここでいう担当職員とは異なります。

　担当職員は, 障害者への専門的なサービスを行うだけではなく, 全体の障害者サービスを計画し, 円滑な運用を行い, また新たなサービスを構築する責務があります。つまり, 図書館全体の障害者サービスの責任者でもあります。

　反面, 障害者が来館した場合には何でも障害者サービス担当者が行う, というのも誤りです。それぞれのカウンターでどのような人が来館した場合でも, まずはそこにいる職員が対応します。そして, その場で対応できないことや, 障害者サービスの専門的なサービスが必要な場合に, 障害者サービス担当者が対応します。

　障害者サービス担当者が行う専門的なサービスとしては, 対面朗読の手配と実施, 郵送貸出, 宅配サービス, 資料の製作, 資料の購入, 目録や利用案内の作成・提供等があります。

もちろん，これらのサービスも担当職員だけが行うのではなく，職員全体で分担して行うこともあります。

　また，ある図書館では，個々の障害のある利用者ごとに職員を決めて，その職員が宅配でも郵送でもあらゆる障害者サービスをコーディネートしています。この方式はユニークなものですが，すべての職員がすべての障害者サービスを熟知していないとできません。また，職員によりサービスの質が左右されてしまうことがあっては困りますので，やはり全体を見て回る担当職員の存在が必要となります。

　障害者サービスでは個々の利用者の資料要求にどのように対応するか，その方法は利用者によりさまざまです。職員1人では対応しきれないこともあるでしょう。他の職員や上司・障害者サービス担当者に相談する等，図書館（組織）としてサービスを行う姿勢が大切です。

　担当職員の立場では，いつでもどの職員でも，必要とする人にサービスを提供できるよう，職員研修会の実施も含めて日ごろから準備をしておきましょう。

(2)　すべての利用者が円滑に利用できるように準備する

　円滑な資料利用につながるように環境を整えましょう。たとえば，問合せ窓口を明確にしておくことや，入退館を含む動線を確保すること，読書支援用具の整備，さらに，それらをスムーズに提供できるよう職員が使い方に慣れておく等です。設備がない場合にも，事前に代替方法を考えておく必要があります。そして，それらの手段を職員間で共有しておきましょう。案内する際，動作介助の要不要は個別に異なりますので，利用者の意向を確認し，個人を尊重した態度で接し

ましょう。やりとりする中では，伝えたつもりで伝わっていないということもあります。理解を得られているか確認しながら案内をしましょう。障害者サービス担当職員は，他の職員に比べて，障害のある利用者に接する機会が多く，図書館利用を妨げる原因に気づく機会も多く得られます。事例を蓄積し，図書館全体で共有することも大切です。

(3) 障害者サービス関係資料・情報を収集，整理する

　図書館を利用するために特別なニーズがあるにしても，目的は資料を利用することであり，すべての資料が提供の範囲ですので，まずは，資料全般の知識を持つことが大切です。その上で，個々の利用者に適した形態の資料を提供できるよう，資料の入手方法や製作方法を知る必要があります。もちろん，あらかじめ資料を収集しておくことも大切です。利用者の要望によっては，図書館では対応できないこともあります。適切な機関を紹介できるよう，関係機関の情報も収集しておきましょう。さらに，法律や社会保障制度など利用者を取り巻く環境についても情報収集しておくとよいでしょう。

(4) 障害者サービスを PR する

　障害者サービスの依頼がないという声を聞くことがありますが，メニューのないお店で注文をするのは勇気がいることです。まずは何ができるのか，図書館からメニューを提示しましょう。図書館の広報媒体による広報だけでなく，利用対象者と接点のある関係機関と連携して事業等を行うことも PR につながります。支障なく図書館を利用している人の中にも，障害のある人とつながっている人がいるかもしれませ

ん。あるいは，「来館しづらい」「活字資料に読みづらさを感じる」等で，近い将来，図書館を利用しなくなる人がいるかもしれません。そのため，広く一般に障害者サービスについて伝えることが大切です（PR の具体的方法については第6章を参照してください）。

(5) 個人情報を適切に管理する

　円滑な図書館利用を支援するために，氏名等の個人情報のほかに，障害の状況や読書状況等を扱うことがあります。これらの個人情報は，適切に管理しなければならないことはいうまでもありません。

5.2 職員の研修

(1) 新任職員，全職員を対象とする研修

　障害者サービスの研修会は，図書館新任職員や全職員を対象に，基礎的内容のものを毎年実施します。研修は自治体単位・都道府県単位・エリア単位などで計画します。

　研修内容は，「障害者サービスの基本的な考え方」「障害者サービス用資料」「基本的な障害者サービス」「障害者の理解と接し方」などです。さらに，著作権法や関連する法規の改正等に合わせて，その時々の必要な項目をテーマとします。全職員が障害者サービスや障害者との接し方を知っていなくてはなりません。

　また，都道府県単位で開催されている図書館長研修でも障害者サービスを取り上げてほしいところです。館長が積極的に障害者サービスを推進することで，サービスが大きく進展

します。

(2) 障害者サービス担当者を対象とする研修

　障害者サービス担当者を対象とした，より専門的具体的な研修が必要です。研修を継続的・定期的に行うためにも，都道府県単位・エリア単位で行うほうがよいでしょう。

　研修内容としては，「障害者サービスの理念」「障害者差別解消法・著作権法等の関連法規」「障害者サービス用資料とその活用」「国立国会図書館サーチ・サピエ図書館を含む資料の入手方法」「各障害者サービスの具体的実施方法」「障害者サービス用機器類とその操作方法」「障害者理解と接し方」「障害者のコミュニケーション」「アクセシブルな電子書籍・図書館ウェブページ」等々さまざまです。また，先進館の事例発表を聞いたり，見学もよい方法です。研修では座学だけではなく，デイジー再生機体験や障害者サービス用資料の検索実習などの実技を入れるのもよいと思います。さらに，グループに分かれて自館のサービスの現状と今後の対応などを討議することもできます。

　研修を定期的に開催するためには，都道府県立図書館の役割が重要です。都道府県立図書館や都道府県図書館協会は，障害者サービス研修会を必ず実施するようにしてください。都道府県立図書館で障害者サービスを実施していないと，研修会も行われていない傾向にあります。自らサービスを実施するとともに，積極的に研修会の開催に取り組んでください。

　そして，さらに文部科学省・全国公共図書館協議会・日本図書館協会などが実施する，より広い単位での研修や大会に参加する方法があります。これらの研修では障害者サービス

の最新の動向や新しいサービスを知ることができます。また，参加者や講師とのつながりが生まれ，今後のサービスの進展にも役立ちます。職員の意識啓発にもつながりますので，積極的に参加してください。

(3)　日ごろの業務の中での研修

　経験の浅い担当者であれば，日ごろの業務の中から学ぶことも多くあります。そのためにも，担当者を複数配置し，技術の継承とサービスの維持・発展に努めてください。また，サービスは利用者により育てられるという側面があります。実際の利用者からの要求に応えていく中で，職員や図書館のサービスが向上していきます。

5.3 障害者職員の雇用とその意味

　公共図書館において，障害者職員は障害者サービスの中心的な存在としてサービスを行ってきました。最初の視覚障害者職員が採用されたのは 40 年ほど前のことです。

　1989 年 9 月に「公共図書館で働く視覚障害職員の会」（なごや会）が発足し，現在，北は福島県から西は兵庫県に至る 20 自治体に 24 人が正規職員として働いています。その他に，聴覚障害者や車椅子を使用した肢体不自由者等が勤務する図書館がいくつもあります。それらの公共図書館の多くでは，先進的なサービスが実施されてきました。

　障害のある職員がサービスを担当することは，障害者に寄り添い障害者の立場に立った，真に必要なサービスを提供できるという大変意義のあることです。ここでは，その理由と

意味について考えてみましょう。

（1） 基本的な姿勢

　資料と利用者を結びつけることは，図書館職員にとって重要な仕事の1つです。「障害者サービスを実施するにあたり何を優先すべきか」と質問されたら，「利用者のニーズを最大限尊重すべきである」と答えたいものです。たとえば録音図書を製作する場合でも，図書館が選書をするのではなく，リクエストに応じて製作するほうが，より利用者の希望に合った資料を製作できます。資料の製作には予算も時間もかかります。1館だけで多くの資料を製作し提供することはできません。まずは，読みたい本があってもすぐには読めない状態にある視覚障害の利用者が，必要とする資料を製作することに重点を置くべきです。

　また，資料の質の確保に留意しつつも，製作期間の短縮も重要なポイントです。こうしたサービスに対する姿勢は，当事者であるからこそ出せる発想ではないでしょうか。

（2） 必要とされる配慮

　障害者職員を雇用する場合，まず考えなければならないのは，その職員にとってどのような工夫・支援をすれば，仕事がスムーズに処理できるかということです。たとえば視覚障害者だと，使用するパソコン（事務用と図書館業務システム用）の音声化です。場合によっては，若干のシステム改修が必要になるかもしれません。視覚障害以外でも，障害の程度により館内の施設等の改修が必要になることもあるでしょう。

　自治体は障害者を採用するにあたって，何ができるのかを

考えるのではなく，どんなことに工夫や配慮をすればできないことが可能になるのかを考えるべきです。図書館利用に障害のある人へのサービスの原点は，まさにここにあるといえます。

(3)　仕事の分担

　障害者職員はどんな仕事でもできたほうがよいというのは理想です。IT技術の進歩と相まって，実際にできる仕事も多くなってきましたが，どうしてもできないこともあります。たとえば，視覚障害者は，新規のサービスを実施するにあたり，他館の状況を調査し，計画を立て，企画書の元を作成することはできます。しかし，指定された用紙にレイアウトを整えて文章を書き込むことはできません。つまり，事業企画の99％の仕事はできますが，残り1％の作業ができないのです。また，行事などで記録用の写真を撮り，報告書に添付することも難しいでしょう。逆に経験を積んだ視覚障害の職員は，自分で発表資料を作り，研修会等の講師をすることができます。さらに見学者の案内をしたり，体験学習に来た児童・生徒に点字の体験をしてもらうなどということは簡単なことです。音声パソコンと点字プリンターを用いて，点字の利用案内や新刊案内も問題なく作成できます。

　要するに，障害職員が自分でできることは積極的に挑戦し，できないと思ったことは1人で抱え込むのではなく，周囲の職員に援助を求めて完結していけばよいのです。考えてみれば，健常者の職員にも適材適所があり，得手不得手があり，連携・協力しながら仕事を進めています。それを障害者の職員も行えばよいのです。

障害者の職員のことを，できないことがあることで少し困った存在と考えているようでは，本当の障害者雇用はできません。まずは，何を支援すればできるのかを考え，慣れてきたら何をしてもらうのが職場チームにとって一番効果的なのか，そのように考えて仕事を組むことが重要です。何ができるのか，と考えるのではなく，何をしてもらうのが最も有効かを考えるのです。簡単な例として，視覚障害者を点字が読めるからといって，書庫に点字本を探しに行かせるのは効率的ではありません。そのような仕事は，晴眼者の職員が行えばほんの数分でできます。しかし，視覚障害者だとその何倍もかかってしまいます。

（4）　一般職員の意識改革

　障害者職員が働く姿をみて，何も感じない職員はおそらくいないでしょう。障害者サービスを実施するには，何よりも障害者を理解することが必要です。しかし，関連する本を読んだ程度では，本当の意味での障害者の理解はできません。実際に身近なところに当事者がいることによって，真に障害者に対する理解が進み，それによりサービスの中身も必ずよくなっていくものです。

　さらには，地域の住民が館内で障害者職員が働く姿を見ることで，図書館に対する意識も徐々に変化し，「市民の図書館」としての存在がより明らかになるのではないでしょうか。もちろん，障害者への理解を広げることにも役立ちます。

図書館協力者の役割

（1） 図書館協力者のあり方，職員との関係

　障害者サービスにはさまざまな手法がありますが，それら
すべてを図書館職員だけで行うのは現実的に無理なものもあ
ります。

　特に，音訳や点訳，拡大写本，布の絵本などの資料製作を
行うには，「図書館協力者」という存在が不可欠です。図書館
協力者とは，ボランティアとは異なり，職員の代わりに専門
技術を用いて対面朗読や資料製作を行う者をいいます。職員
の代わりとなる仕事ですから，そこに賃金や報償費などの対
価が支払われるのは当然です。

　日本ではこの図書館協力者とボランティアという存在があ
いまいで，正しい理解がなされていません。無償であること
を当然のようにして，資料製作を外部のボランティアに丸投
げしているような図書館も見受けられます。しかし，本来，
資料製作は図書館の責任において行われるべきものです。資
料製作のあり方は図書館が主体で，図書館協力者はそれを支
えるという形でなければなりません。

　日本図書館協会では「公共図書館の障害者サービスにおけ
る資料の変換に係わる図書館協力者導入のためのガイドライ
ン－図書館と対面朗読者，点訳・音訳等の資料製作者との関
係」として，2005 年に見解を示しています。これは，公共図
書館の障害者サービスを支えている職員と，対面朗読，点訳，
音訳等のメディア変換を行う図書館協力者等について，その
あり方を明確にすることを目的にしたものです。ただし，
2009 年に改正された著作権法や，2012 年に告示された「図書

館の設置及び運営上の望ましい基準」を受けた修正が行われていないこともあり，現状に合わなくなっている部分もあります。ですが，このガイドラインの基本的な考え方に変わりはありません。

　なお，図書館が障害者サービス用資料を自ら製作するかどうかは大きな選択肢となります。自館の利用者の希望をかなえるためには必要なものですが，どこの図書館でも製作ができるというわけではありませんので，十分検討の上実施してください。

(2)　図書館協力者の養成・育成

　点訳者や音訳者に活動してもらうためには，基本的知識や技能を身につけられるような研修を行わなければなりません。

　新規で養成を行う場合は，応募条件を決めた後，まず講座内容と終了時の目標・終了後の受け入れ・活動の体制等を検討し，講師選定と必要な予算計上を行います。新規予算を獲得するには，その金額の妥当性と，それによってどんなことが市民に提供できるようになるかを明確にしておかなくてはなりません。とはいえ，初めて実施する場合にはなかなかハードルの高い課題です。先行事例を参考に，自館に合った方法を考えましょう。

　講師を探す場合も，県立図書館や近隣自治体の図書館・社会福祉協議会等で養成を行っているところに相談してみましょう。講師によっては，かなり先の予定まで決まっていることも多いので，早めにコンタクトを取り日程調整や会場確保を行います。講師とは開催回数・内容，受講者数，選考の有無，必要なテキスト・機材等について連絡を取り合い，細部

を確認します。

　職員は自館の障害者サービスの目標や内容を把握し，その中で図書館協力者にどのような活動をしてもらうのかを明らかにする必要があります。受講者には，「図書館」とは何をするところでどんな活動をするのかなどを説明し，図書館について理解を深めてもらった上で，同じ目標に向かって一緒に活動できるようにしましょう。図書館によっては，募集にあたり事前説明会を開催したり，選考会でオリエンテーションとして説明しています。活動の先輩がいるなら，実際どのように活動しているか話してもらい，具体的なイメージを作ってもらいます。特に音訳については「本が読めれば誰でもできる」ように思われていることが多いので，読みの調査や図表の処理など，根気のいる仕事であることを了解してもらった上で，応募してもらうほうがよいでしょう。

　初級では10〜15回程度の講習が行われます。このとき，担当職員も参加して基本的な技術を学んでおくと，協力者とのやりとりがスムーズになり関係も築きやすくなります。

　点訳や音訳は，規則を学んだり初級レベルの講座を終了しても，すぐに利用者が満足できるようなものを作成できるわけではありません。その後さらに実践を積むことで，徐々に利用者に提供できるレベルの資料作成ができるようになっていきます。

　そこで，初級講習終了後の活動を指導できる人が必要となります。活動実績のある図書館でしたら，職員や協力者の先輩がその任を負うこともできますが，初めて養成する図書館では人材が育っていません。適任の経験者を探して依頼するか，初級講習会修了者に間をおかずに中級講座を開催して，

268

実際の作成を指導してもらうのもよいでしょう。

　図書館協力者には，最初の養成講座以降もさまざまな研修会を毎年実施します。実際の活動と定期的な講座により，さらなる技術向上が期待されます。毎年実施する講座には，その時々に応じた最も必要と思われるテーマを選びます。回数や内容はテーマにより異なります。

　毎年講座は実施しているけれども活動があまりない図書館もあるようですが，講座だけではうまくなりません。反対に活動に追われてフォローアップ研修を行わないと，知らず知らずのうちに自己流や楽な方法に陥りがちで，技術向上どころかどんどん質が低下することになりかねません。

　職員は図書館協力者の現状を把握し，お互いに信頼関係を築くことが大切です。また，関係する技術の進歩や社会情勢の変化にも目を向け，図書館協力者とともに障害者サービスの進展に努めたいものです。

6章 障害者サービスの手順, PR

6.1 サービスを開始・進展させるための手順

(1) サービスを開始するための具体的手順

① 担当者を置きサービスを学ぶ

　障害者サービスを開始するためには，まず障害者サービス担当者を置きます。職員体制にもよりますが，市町村立図書館では他の業務との兼務が多いようです。その場合でも担当者は複数人配置して，相談しながら業務を進めるようにします。複数いることで，担当者が不在であったり人事異動があっても，サービスが円滑に行えることになります。都道府県立図書館等の事例を見ると，専任の障害者サービス係を設置することでサービスの充実につながることは明らかです。

　担当者は，最初に障害者サービスの理念・資料・具体的サービス方法等を学ぶ必要があります。すでにサービスを実施している館では先輩や実際の業務から学ぶことができますが，一から始めようとする館では，担当者が自ら積極的にこれらのことを習得しなくてはなりません。

ア　自館の業務から学ぶ

　障害者サービス実施館では，日ごろの業務から学ぶことができます。ただし，障害者サービスそのものがまだまだ発展途上のものですから，自館で行っているサービスを基にしな

270

がらも，新しいサービスにも目を向けなくてはなりません。

イ　先進館に学ぶ

障害者サービスの先進館が近くにあれば，見学などを申し込んで直接教えてもらいます。都道府県立図書館がその役割を果たすべきですが，残念ながらそれができない館も多いようです。先進館の担当者は，自館のサービスとともに利用者の現状やサービスの課題等も熟知していますので，とても参考になる話が聞けると思います。

ウ　障害者サービス研修会・講座等から学ぶ

都道府県や地域単位の障害者サービス研修会があります。これも実施の有無に地域差があることが残念ですが，行われている場合は積極的に参加してください。他にも，文部科学省・全国公共図書館協議会・日本図書館協会・国立国会図書館等が開催する障害者サービス研修会があります。

エ　文献から学ぶ

本書もそうですが，障害者サービスを総合的に案内する文献がいくつかあります。また，各サービスを紹介する資料もありますので，まずそれで勉強することができます。また，参考になるウェブサイトも多数ありますので，参照してください。

障害者サービス担当者は，担当者として業務を行うほか，館全体の障害者対応について考え責任を負います。担当と他の職員との明確な役割分担が必要です。また，障害者サービスの基本的な内容については，担当以外にも知っておいてもらうようにする必要があります。

②　地域や図書館の現状を把握する

　障害者サービスを開始し発展させるためには，地域や自館の状況を把握しなくてはなりません。

　ア　職員の状況

　図書館職員であれば，自館の職員のことは把握できていると思います。しかし，職員数ひとつとってみても，同規模の自治体であっても図書館によってずいぶん違っていたりします。勤務体制や非常勤職員の状況，指定管理の有無，業務の分担状況等も改めて確認しておく必要があります。

　イ　施設・設備の状況

　現状の施設・設備について，障害者や高齢者の来館を想定して考えてみてください。必要なものが設置されているかどうか，障害者に配慮した施設・設備の有無を確認します。

　ウ　資料の状況

　はじめに一般資料と障害者サービス用資料に分けて，それぞれ所蔵の有無やどのくらい所蔵しているかを確認します。また，日本語字幕の入った映像資料が聴覚障害者に有効であったり，絵本や漫画が発達障害等に有効であったりします。このように，一般資料という扱いになっていても障害者サービス用資料として使えるものがありますので，改めて状況を把握しておく必要があります。

　エ　自治体の図書館体制

　自治体内にはいくつ図書館があり，どのような連携システムで運用されているでしょうか。なるべく近くの図書館を利用したいという障害者も多いので，その自治体の図書館全体として障害者サービスを構築していきます。ここの館でないと障害者サービスを受けられない，という状態は好ましくあ

りません。

　オ　すでに行っている関連サービスの確認（児童サービス，
　　高齢者サービス，団体貸出，郵送貸出等）

　特に障害者サービスとなっていなくても，すでに行ってい
るサービスがあるかもしれません。大活字本や点字本の収集
は，多くの図書館で実施しています。貸出文庫や移動図書館
車で，高齢者施設や特別支援学校等にサービスを行っている
事例もあります。図書の郵送貸出もそのまま障害者へのサー
ビスにつながります。

　カ　障害者，高齢者の状況

　障害者や高齢者は，地域にどのくらいいて，そのうち図書
館に登録している人は何人でしょうか。自治会・社会福祉協
議会・公民館などでさまざまな活動をしていたり，さらには
独自の活動をしている場合もあります。これらのことを知っ
ておくと，図書館サービスとの連携やPR等に有効です。

　キ　学校，高齢者等施設，病院等の状況

　学校には，特別支援学校のほかに，地域の学校に特別支援
学級があります。また，高齢者施設・養護施設・病院等を知
っておき，サービスの対象に加えます。病院の中には患者図
書室を持っているところもあります。

　ク　視聴覚障害者情報提供施設，社会福祉協議会等の活動
　　状況

　視聴覚障害者情報提供施設は県に1つ以上あり，県内全域
を対象にサービスをしています。社会福祉協議会にはボラン
ティアが組織され，障害者・高齢者にさまざまな活動を行っ
ています。本来図書館が行うべき閲覧サービスをしている地
域もあるようです。具体的な活動については，自治体により

かなり異なりますので，確認をするとともに，連携について
も考えていきます。担当者同士が気軽に話せる環境を作って
おくことも大切です。

③　障害者サービス実施計画，障害者サービスメニューを作る

　最初に，図書館設置条例等で障害者サービスを実施する上
で，現実とそぐわないものがあれば，改正してもらいます。
次いで，障害者サービスの基となる規則・要綱等の整備を行
います。サービス要項は必要により追加・修正していきます。
それに沿って担当者は，収集する資料，今後実施していくサ
ービス，施設設備の整備，必要な機材等を考えます。

　サービスとしては，対面朗読，郵送貸出，宅配サービス，
施設入所者・入院患者へのサービス等があります。これらの
サービスは，特に市町村立図書館には基本的に実施してほし
いものです。障害者用資料や一般資料の郵送貸出はわずかな
経費で実施できますので，必ず計画に入れてください。対面
朗読も必須のサービスです。といっても，一から始める図書
館が最初から何もかも一度に開始するのは難しいと思います
ので，順々に拡大していく方法もあります。また，地域の実
情（特別支援学校がある，在住外国人が多いなど）にもよります
ので，まずはこれが有効であると考えられるものをリストア
ップします。

　次に収集する資料を考えます。購入できる資料にはどのよ
うなものがあるかを調べます。本書にあるように，障害者サ
ービス用資料の中には無料の相互貸借で借りられるものも相
当数ありますので，それも考慮の上，資料収集を考えます。
ここで，障害者用資料を自館で製作していくのかどうかは，

大きな分かれ道になります。

　次に，必要な機材や障害者に配慮した施設・設備について
考えます。これも一度に揃えることは困難ですので，年次計
画として考えます。最終的にはサービスプログラム（利用案
内の基となるもの）を作成することが目的です。

④　予算化

　中期計画・単年度計画ができたところで，予算化を図りま
す。サービスに必要な消耗品・備品等を予算化します。障害
者サービスのための資料費（障害者用資料と参考資料），報償費
（職員研修会，図書館協力者講座）等も計画的に予算化します。
できれば，職員を研修会に参加させるための予算も確保した
いところです。サピエ図書館の会員になるためには，年間利
用料が必要です。

　消耗品はある程度予算化できるかもしれませんが，備品類
は簡単ではありません。必要性を説いて，障害者からの意見
や他の図書館の事例も参考にしながら，粘り強い取り組みが
必要です。本書のような基本書や，「図書館における障害を
理由とする差別の解消の推進に関するガイドライン」等，図
書館団体が作成したものを資料に付けるのもよい方法です。

⑤　必要な手続き，準備をする

ア　日本郵便株式会社に対する申請

　日本郵便に対し，盲人用録音物の発受施設認定のための申
請を行います。申請には，障害者サービスの要綱・規則が必
要です。また，心身障害者用ゆうメールの届け出をします。

イ　障害者サービスを利用するための利用登録用紙の作成

　通常の利用登録用紙をベースに，追加項目を記入できるように します。障害の種類，配慮すべき項目，点字が読めるかどうか等のコミュニケーションの方法，希望する目録の形態等を加えます。さらに，「視覚障害者等」に該当する理由を「図書館の障害者サービスにおける著作権法第37条第3項に基づく著作物の複製等に関するガイドライン」別表2の項目から選べるようにしておくと便利です。

　ウ　図書館システムのカスタマイズ

　通常の図書館システムでは，障害者用資料の貸出や障害者の利用登録に対応していないものが多いようです。チャンスがあれば修正を依頼しますが，新システム導入のおりには最初から障害者サービスを念頭に入れて開発してもらうようにします。

　エ　以下のような実施のための具体的技術の習得

・デイジーを利用できるようにする　サピエ図書館や国立国会図書館による資料検索とデータのダウンロード，デイジー再生機・パソコン・タブレットによるデイジーの再生技術を習得します。

・郵送貸出の用具を知る　郵送貸出に使う郵送箱・袋，宛名カード等を使えるようにします。図書館にない場合は，実際に借りてみて確認した上で購入します。

⑥　障害者サービス用資料，機器類を揃える，機器の使い方に慣れる

　実施計画や予算に合わせて，資料を購入・排架します。「りんごの棚」のような障害者サービス用資料コーナーを設置し

ます。また，購入した機器類の使い方に習熟します。

⑦　利用案内を作成し，サービスを開始する，目録を作成する

　利用案内を作成し，どのような資料がどのように利用できるかを示します。障害者サービスを開始するにあたり一番大切なのは，この利用案内を作成するということです。それは，図書館としてどんな資料をどのように提供できるかということを具体的に提示することにほかなりません。

　利用案内は通常の活字版とその拡大文字版（例：ゴシック体で 24 ポイント）も作成します。あわせて，やさしく読みやすいピクトグラムを入れたものも検討します。その他に，特に録音版を作成しましょう。通常の音楽 CD 版と音声デイジー版があるのが望ましいところです。音訳者がいなければ職員が録音してもかまいません。また，点字版も考慮します（点字プリンターがあれば自館で製作することも可能です）。その他，日本語が母語でない利用者のために各国語の利用案内も必要な場合があります。

　自館で所蔵する障害者サービス用資料の目録は，利用案内と同様にさまざまな形態のものを作成したいところです。視覚障害者を含む自宅利用者は，どんな資料があるのかがわかりません。目録による案内は効果的です。定期的に提供できるとよいでしょう。

(2)　最初に揃えたい事務用資料，用具

①　必要な法規，規則等を集めて印刷しておく（主なものは本書にもあります）

ア　著作権法の関連条文（第 30 条，31 条，35 条，37 条等）

イ 「図書館の障害者サービスにおける著作権法第 37 条
第 3 項に基づく著作物の複製等に関するガイドライン」
ウ 内国郵便約款（第四種郵便，心身障害者用ゆうメール等）
エ 利用できる福祉制度（日常生活用具給付制度）

② 用具を用意する

インターネット環境のあるパソコン，デイジー再生機，CD
コピー機，テープレコーダー，郵送箱，郵送袋，宛名カード，
携帯用点字器，点字シール（以上は，日本点字図書館等大きな点
字図書館で販売しています），CD-R，CD-RW（ケースも）。

(3) サービスを開始する

障害者サービスは数を追いかけるものではありません。1
人の利用者を大切にサービスを始めましょう。サービスを行
うことで，その質が向上し，職員のスキルも上がっていきま
す。

6.2 PR の方法

PR が重要であることはいうまでもありません。ここでは
一般的な PR 方法には触れず，特に障害者サービスで取り組
んでほしい部分について説明します。

(1) 誰に（PR 対象）

PR 対象者を大きく 2 つに分けて考えてみます。障害者サ
ービス利用者と障害者サービス未利用者です。利用者に対し
ては利用を促進するために行い，未利用者に向けては障害者

サービスの普及を図るために行います。

① 障害者サービス利用者への PR

基本の対象は利用している本人ですが，周囲の支援があって図書館を利用している人もいるので，その人たちに対しても発信しているという意識を持ちましょう。

　ア　宅配利用者への PR

一般図書の宅配利用者には，図書館広報や新着図書の案内，開館カレンダー，行事のチラシ，児童向けのリスト等，図書館からの刊行物が出たら宅配時に一緒に届けます。児童向けリストにも，読み応えのある本が紹介文つきで書かれていることが多いので，大人でも興味を持ち，読書の幅が広がることにもつながります。それぞれ利用者の必要に応じて提供します。

コミュニケーション等が困難な利用者の場合，リストに印をつけて戻してもらう方法で予約対応するなどして，利用者の負担を軽減し利用につなげるようにします。

　イ　視覚による表現の認識が困難な利用者への PR

視覚障害や読字障害の利用者には，音声での PR が主体となります。特に視覚障害者は情報の取得が難しく，新刊情報なども入手しにくいので積極的にお知らせします。上記アで届けた案内等を音声にしたものや，新しい録音図書の紹介，サービス案内や読書機器の便利な使い方だけでなく，生活情報，自治体内のトピックなどもまとめて発信すると，興味を持ってもらいやすいでしょう。家族など周囲の人が見ることも考えて，同じ内容の印刷版があれば一緒に渡してもよいでしょう。

他館や類縁機関が発信している情報を上手に活用することで，情報の幅を広げることができます。たとえば，東京都立図書館では都内の図書館の録音・点字図書の情報をまとめて提供していますし，点字図書館も PR 誌を出しています。サピエ図書館でも新作情報がわかります。そうしたリストから選ぶことで，幅広い情報を利用者に提供できます。自館の情報だけではどうしても狭くなりがちです。類縁機関を含めて入手できる情報を活用し，利用を促進しましょう。

　提供する情報を選ぶ際は，具体的な利用者を念頭に検討します。A さんにとって必要な情報，B さんが興味を持ちそうな本など，どれだけ利用者に寄り添った情報を提供できるかが大切です。興味のある範囲の情報を提供するだけでなく，その人の興味の幅が少しずつ広がるような情報を提供することで，利用者の世界が広がります。お知らせはホームページにも掲載すると，パソコンの音声読み上げ機能や拡大機能で利用できます。また，家族の協力がある人は，簡便なリストがあると喜ばれます。利用者の状況に応じて対応します。

　本の紹介を聞いた後には，新しい本を読みたくなります。しかし，耳で聞いた本のタイトルは覚えきれず，書き取るのは大変です。あいまいなタイトルや本の内容で予約の依頼をされることもありますが，対応は柔軟に行います。あいまいな情報を伝えるのが恥ずかしいと思う利用者もいますので，本の紹介リストに番号を振り，番号で予約できるようにするのも利用者に便利な方法です。お知らせの文章は，耳で聞いてわかりやすいかどうか確認し，修正します。

　なお，自館に点字プリンターのある図書館では，これら広報物の点字版を作成し，提供することができます。登録時に

点字の読める利用者を確認しておきます。

　ウ　聴覚障害者への PR

　幼少期から聴覚に障害がある場合，文字を読むことが苦手なことが多いので，手話やわかりやすい文章で表現します。鳥取県立図書館のように，ホームページに動画を取り入れている例もあります。

　エ　知的障害者等への PR

　一般的な利用案内やお知らせを作る際に，はじめから対象者として心がけ，刊行物すべてがわかりやすい文章となるよう留意します。

　必要により，それぞれの利用者に応じたわかりやすい表現に変更します。障害の状況はさまざまでサポート内容も異なるので，個々の希望を聞き取り，利用したい気持ちが促進されるよう PR することが大切です。

　②　障害者サービスを利用していない人への PR

　障害者サービスを利用していない人には，サービスの対象者だけでなく，対象者の周囲の人も含みます。

　具体的には，家族，ケアマネージャー，介護施設職員，自治体職員，医師・看護師・医師会・理学療法士等の医療従事者，学校の教員や学校図書館司書，社会福祉協議会，市内障害者団体，ボランティア，自治会，図書館見学に来ている人等が考えられます。

　障害を持つ利用者への直接 PR は意外と難しいものです。図書館では対象者の把握が困難で，広報物が届きにくく，また情報入手の手段が限られています。そこで工夫が必要です。

　「平成 18 年身体障害児・者実態調査」によると，視覚障害

者の情報の入手方法はテレビ（一般放送）が 66％，次いで家族が 55.7％となっており，家族や周囲への PR が重要であることがわかります。また，誰もが障害者サービスの利用者になる可能性があることから，一般の本を使っている利用者にも PR を行い，障害者サービスを知っておいてもらうことで将来の利用につなげましょう。さらに，サービスの維持発展のためにも上司や同僚職員と情報を共有し，同意を形成することが必要です。そして，自治体内の職員や議員にも PR していきたいものです。

(2)　いつ，どこで

　それでは，どのようなときをとらえて PR すればよいでしょうか。

　自治体や教育委員会等の広報掲載，図書館内の PR 展示やポスター・チラシの掲示はいうまでもありません。福祉やボランティア関連の行事（福祉まつり等の名称で開催される）や障害者向けセミナーに参加して PR の時間をもらい，チラシを配布させてもらう，地域包括支援センターや介護施設へのチラシ配布，学校の授業など図書館外への PR も行います。

　図書館の利用者懇談会や，学校へのガイダンスの際にも PR チラシを配布し，サービスを紹介します。あわせて，この本を読んでいるあなたのお友達や家族の人にも，障害者サービスの存在を PR してください。たくさんの機会を作りましょう。

(3)　どう PR するのか

　チラシやポスター等では，サービス内容・扱っている資料・

機器を具体的にわかりやすく表現します。「図書館の障害者サービスを使いましょう」ではなく「図書館は本を届けます」「老眼鏡あります」などとします。

拡大読書器については「拡大読書器あります」ではなく「拡大読書器は，文字や写真を好みの大きさでモニターに映すことができます」など，どのようなことができるのか具体的にPRします。

掲示するポスターも同様です。見やすい文字で内容を具体的・簡潔にわかりやすく表現します。弱視の人にも見やすい白黒反転のポスターを取り入れる図書館も増えてきました。

また，今あるものの活用を図りましょう。たとえば，定期的に出している図書館報や新しい本の案内に「音声版をご希望の人は図書館へお問い合わせください」「来館できない人に宅配します。連絡先○○」などと，ヘッダーやフッターに毎号入れるよう定型化しておくと，忘れずにPRできます。

利用案内やカレンダーはどうでしょうか。カレンダーが小さい文字サイズのものしかないようでしたら，少し大きな文字のカレンダーも作りましょう。図書館が読みづらさに配慮していることが自然と伝わります。スペースがあるようでしたら，録音図書や宅配のPRも掲載します。

しおりサイズのチラシを作って貸出時に本に挟んだり，貸出レシートを活用してもよいでしょう。

障害者にも携帯電話やパソコンを利用する人が増えてきました。メール配信やSNSでの発信も有効です。

前段で本人へのPRが難しいと書きましたが，福祉担当部署と図書館が連携協力して，PR媒体の送付を行っているところもあります。このように他の部署との連携も必要です。

（4） 所蔵リストの作成

　ホームページで資料検索をすることが当たり前になりましたが，高齢者や障害者には苦手とする人も少なくありません。また，大量の本の中から目的の本を探すのには便利ですが，所蔵自体があまり多くない場合には，縦覧性のある冊子体の所蔵目録も便利です。

　そこで大活字本，録音図書，布の絵本，LL ブックなどの冊子体目録を作成します。図書館内で使用するだけでなく，利用者個人や関連施設等にも配布します。冒頭部分にサービスの利用案内をつけて利用につなげます。

　また，大活字本の目録を作る際は利用する人のことを考え，大きな活字で作ります。録音図書目録は，音声版・点字版・データ版もあるとよいでしょう。布の絵本には文字のないものも多く，使い方に迷う例もあります。布の絵本目録には，具体的な使い方を示して選びやすくします。

　すべてのものを一気に作成するのは無理があります。利用者の必要としているものから始めて，徐々に整備していきましょう。

　生涯にわたり，図書館の利用が途切れることのないよう，効果的な PR を行い，どのような状況であっても利用してもらえるようにしましょう。

6.3 資料展，催し物

（1） 障害者サービス用資料展
① 資料展開催の意義
　障害者サービス用資料展を行うことは，図書館の障害者サ

ービスを PR するための有効な方法です。

　著作権法第 37 条第 3 項に基づいて作られた資料は，視覚障害者等に限って貸出可能のため，開架に出していない図書館が多いと思います。また，大活字本や点字資料を開架に出していても，障害者用資料を図書館で所蔵していることを知らない利用者もたくさんいます。

　障害者サービス資料展は館内で行ってもよいですし，自治体や福祉団体などが行うイベントに出向いて行うのもよいでしょう。障害者に向けたイベントには，外出が困難な障害者のために送迎やガイドを用意している場合があり，図書館に来館が難しい障害者も参加していることがあります。そのため，普段図書館と接点のない人にも，図書館の障害者用資料や障害者サービスについて直接知らせる機会になります。

　イベントのお知らせを郵送することがあれば，図書館の障害者サービスの紹介を掲載してもらったり，または障害者サービスの利用案内を同封してもらうと，イベントに参加しない人にも図書館の障害者サービスを PR することができます。

②　資料展で展示する資料

　さまざまな障害者サービス用資料のほか，デイジー再生機やマルチメディアデイジーを再生するためのタブレット等の再生機器も展示します。また実際に，触って体験してもらうのもよいでしょう。

　障害者サービス用資料は自館で所蔵するものだけではなく，資料展に向けて相互貸借で借り受けたものも展示します。日本図書館協会も各地の資料展や職員研修のために，障害者サービス用資料セットを貸し出しています。

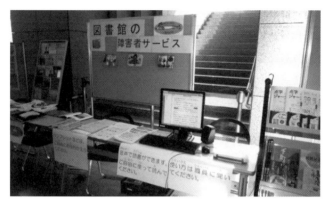
障害者週間記念事業「めぐろふれあいフェスティバル」に出展
（目黒区立図書館）

　資料展示では，それぞれの資料や機器に簡単な説明や使い方を書いたボードもあわせて展示したいところです。展示会用の説明ボードはあらかじめ作成しておき，毎回使用します。

　展示とあわせて，障害者用資料それぞれの特徴（大活字で使用しているフォントやマルチメディアデイジーの表示など）や，障害者サービスについて説明を行うガイドツアーなどを行うと，ただ展示を見てもらうよりも，より理解を深めてもらうことができます。

　高齢者施設や学校など，障害者という意識はなくても障害者用資料のニーズがある施設に出向いて展示を行うこともよいでしょう。

　図書館が行う展示会のほかに，いつでも障害者用資料展示を行えるように，点字絵本や布の絵本，大活字本やLLブックなどの展示セットを作って，学校や福祉団体などに貸出ができるようにしておくと，さまざまな機会に容易に展示会を

286

行ってもらうこともできます。

　障害者用資料は，一般の人が目にする機会はあまりありません。手に取れる機会を積極的に作ってください。

（3.10　（1）障害者サービス用資料展示「りんごの棚」も参照）

（2）　点字・デイジー等体験会

　障害者サービス関連の資料展にあわせて，デイジーや点字の体験会を行うことができます。いずれの体験会でも，障害者本人だけではなく，家族・ボランティア・福祉関係者，他図書館の職員，一般の関心のある人などを対象にし，誰もが参加できるようにしましょう。もちろん，障害当事者に声かけをして参加してもらうのも大切です。

　点字の体験では，携帯型点字機と点字用紙，点字五十音表を準備します。点字が打てる職員や視覚障害者を講師にして，簡単な点字の書き方を教えます。30分もすれば，点字五十音表を見ながらであれば，簡単な点字を打つことができるようになります。中学生の社会体験などでは，資料や宛名カードに貼る点字シールを作成してもらうのも，興味を持つきっかけになるでしょう。晴眼者が点字を指で読むのは不可能ですが，短文の点字を目で読むのは簡単です。図書館職員はぜひ「目で読む点字」を体験してください。

　デイジーの体験会では，主に音声デイジーとマルチメディアデイジーを体験してもらえるように，それらを再生するための専用再生機・パソコン・タブレットを準備します。簡単な取扱い説明文も用意できるとよいでしょう。資料は音声デイジー・マルチメディアデイジーともにCDで何タイトルか準備し，タブレットにはデイジーデータを入れておきます。

再生機によっては，SD カードに入ったデイジーを準備します。さらに，インターネット環境のパソコン（できれば音声付き）があれば，サピエ図書館や国立国会図書館サーチを体験してもらうことも可能です。いずれの場合も，職員が直接動かしながら説明し，利用者に実際にやってもらいます。慣れてくれば自分でいろいろ試すこともできるようになります。視覚障害者等には，実際に手を取って体験の支援をしてください。そのためにも，まずは職員がこれらの機器の操作に慣れていることが必要です。

　これらの資料展や体験会に障害者が参加しやすいように，駅からの送迎やガイドヘルパーの案内，館内における職員による支援等を積極的に行い，多くの障害者やその関係者に見てもらえるようにしたいものです。また，同日に障害に関する講演会なども行い，担当者だけでなく図書館全体として取り組むのもよい方法です。

(3)　障害者サービス関連セミナー，講演会
①　さまざまな障害者サービス関連セミナー
　障害者サービスを理解してもらうには，当事者だけではなく家族や支援者なども含め，一般に広くセミナーや講演会を開催するのもよい方法です。

　図書館が単独で開催するセミナーとしては，障害者サービスの各分野の専門家を講師としてサービスに関するセミナーを開催したり，障害当事者からの話を聞くものもあります。

　障害者を対象に，図書館の体験ツアーを開催しているところもあります。サービス紹介，館内の案内，普段見ることのできない地下書庫の案内などをします。

具体的な事例として，名古屋市鶴舞中央図書館が開催している「触れて感じる図書館の魅力」では，視覚障害者に館内を案内し，書庫の古い本などを実際に手で触れてもらい，自分の生年月日の新聞を録音または点字で作成して，後日提供するイベントを開催しています。

　聴覚障害者には，手話付きの館内ガイドツアーの開催などもあります。鳥取県立図書館では，「図書館員とめぐる図書館見学ツアー（手話通訳付き）」を定期的に開催しています。また，特別支援学校・障害者施設・障害者団体を対象に，このような図書館体験を実施することもあります。

　図書館では新聞や雑誌などのオンラインデータベースが利用できますが，障害者にこれらの使い方を研修する IT 講習会の開催もよい例です。大阪府立中央図書館では，オンラインデータベースやデイジー図書の活用，インターネット検索などの IT 講習会を，視覚障害者を対象に定期的に開催しています。千葉県立図書館でも，読書支援機器の活用講座を定期的に開催しています。

　また，障害者に関する各種記念日に合わせて，イベントを開催している図書館も多くあります。具体的な記念日としては，4月2日の「世界自閉症啓発デー」，4月の最終水曜日の「国際盲導犬の日」，5月5日「手話記念日」，6月下旬「ハンセン病を正しく理解する週間」，9月「知的障害者福祉月間・障害者雇用支援月間・発達障害福祉月間」，11月1日「点字記念日」，12月3日〜9日「障害者週間」があります。この時期に合わせて，関連する資料の展示をしたり講演会を開催するのもよい方法です。

　図書館単独では予算が厳しい場合は，関連の機関や団体と

共催で催しを行うことも1つの方法です。大阪市立中央図書館では「知的障害・自閉症児者のための読書活動を進める会」との共催で「LLブックセミナー」を毎年行っており，これまでに16回開催しました。伊藤忠記念財団は毎年8か所の都道府県で，図書館と共催で「読書バリアフリー研究会」を開いています。一般社団法人日本国際児童図書評議会（JBBY）の「世界のバリアフリー児童図書展」（絵本展から改称）を開催している公共図書館もあります。その他，図書館関係団体，出版関係者，障害者団体などと共催・協力しながら，さまざまなイベントを開催することができます。

②　障害者が参加するセミナーにおける配慮

障害者関連セミナーや講演会では，障害者が参加しやすい環境整備が必要です。駅からの送迎，館内の案内，手話通訳・要約筆記の手配，配布資料への配慮などがあります。配布資料は事前にデータで提供したり，点字版や音声版，大活字版を準備したりすることが必要です。またこれらの配慮は，参加者の希望に応じてできる限り行います。申し込み時に「駅からの送迎や手話通訳等の配慮が必要な人はお申し出ください」のような一文を入れ，事前に申し出てもらうのがよいでしょう。

セミナー開催にあたり，これらの配慮を知らせることにより，障害者の参加を促し，社会へのアピールを行うこともできます。図書館は資料やサービスだけではなく，催し物においても，障害者の参加を保障する先進施設でありたいところです。

（4） 字幕付き映画会

　図書館では，聴覚障害者用の字幕の入った映像資料の映画会を行うことができます。

　洋画には字幕が付いていますが，邦画には字幕がほとんどないので，聴覚障害者には音声情報が伝わりません。また，台詞を翻訳しただけの洋画の字幕は，聴覚障害者向けに制作されたわけではありません。つまり台詞以外の，聴覚障害者に必要な音声情報がほとんどないので，誰がその台詞を話しているのかわかりにくかったり，画面内のさまざまな物音などの説明もないので，話の展開が把握しにくいなどの問題があります。以前，東京の図書館で邦画の字幕付き映画会を開催したことがあります。その際は，字幕付き映画を保有している福祉施設からフィルムを借りて上映していました。現在では，上映権付きの日本語字幕付き DVD をプロジェクターで投影している図書館もあります。

　最近では，「バリアフリー映画」と称して，字幕付き，音声情報付き映画会を開いたり，無償で字幕付き映画を制作，提供している企業や団体も出てきました。

　さらに，一般公開されている邦画に，字幕情報を感知するスマートフォンを持ち，字幕が映る専用眼鏡につなげて鑑賞する方法を開発しているところもあります。この活動が本格化すれば，聴覚障害者が新作邦画を見るのには，あまり問題がなくなるかもしれません。

　ただし，字幕制作されにくい旧作や小品，ドキュメント映画については，引き続き図書館などの公の施設で提供する必要があります。

(5) 音声解説付き映画会

　DVD やブルーレイ（Blu-ray）ディスクに音声解説が収録されているバリアフリー DVD もしくはブルーレイディスク（以下、「バリアフリー DVD」）のうち、図書館用として、著作権者（発売・販売会社を含む）から上映権の使用承認を受けているものは、館内で無料の上映会を行うことができます。

　そのようなバリアフリー DVD であれば、バリアフリー上映会を開催するのもきわめて簡単です。DVD ソフトのセットアップメニューから、音声解説を選択することにより、音声解説付きの上映を行うことができます。ただし、音声は、映画本編の音と音声解説がミックスされた状態で出力されるため、音声解説を聴きたい人だけがイヤホン等で聴くクローズ方式の上映を行うことはできません。参加者全員が、スピーカーに流れる音声解説を一緒に聴くオープン方式での上映となります。

　しかし、数少ない上映権付きのライブラリー版の中でも、ソフト自体に音声解説が収録されているものは、数が少ないのが現状です。そこで、音声解説を上映会当日ライブで付与する方式や、既存の音声解説データを、オペレーターが手動同期させる方法を用いて上映します。

　図書館の映画会で使うことはできませんが、視覚障害者等の活字による読書の困難な人は、日本点字図書館が製作・提供している「ガイド DVD」を個人で楽しむことができます。これは、パソコン上で DVD とその音声解説を自動同期させて再生するものです。

　なお、バリアフリー DVD でない作品を上映する場合や、音声解説を聴きたい人だけにクローズ方式で提供したい場合

は、「全国バリアフリー上映サポートネットワーク」(ABC-NET)、また「バリアフリー映画鑑賞推進団体シティ・ライツ」が問い合わせに対応しています。

参照リンク

全国バリアフリー上映サポートネットワーク（ABC-NET）

　http://abc-net.org

バリアフリー映画鑑賞推進団体シティ・ライツ

バリアフリー上映サポート窓口

　http://www.citylights01.org/bf_cinema.html

あとがき

　日本図書館協会障害者サービス委員会は，これまで「図書館利用に障害のある人々」に対するサービスをすすめていくためのさまざまな活動を行ってきました。具体的には，障害者サービスに関する研修会の開催，全国の図書館が行う障害者サービス研修会への講師派遣，障害者サービスに関するガイドラインなどの策定，全国図書館大会障害者サービス分科会の運営，国や図書館界への見解や要望の発信，その他障害者サービスの普及・啓発活動などです。

　委員会は関東・関西に小委員会を設け，地域固有の問題にも的確に対処する体制をとっています。また，全視情協などの関連団体とも緊密に連携するよう努めています。

　今回，通常の印刷版に加えてアクセシブルな電子版をほぼ同時に出版できることは，日本図書館協会として大きな意義があります。また，今さらなことではありますが，刊行が遅れてしまったことを，深くお詫び申し上げます。

　本書は，日本図書館協会障害者サービス委員会の委員を中心に執筆していますが，外部の専門家の皆様にも，それぞれの専門分野の執筆を担当していただきました。また，下巻では全国の図書館からさまざまな障害者サービスの先進事例をご紹介いただいています。そして，電子版の編集には「NPO法人　支援技術開発機構」（ATDO）の全面的なご協力をいただき，障害者も利用可能なアクセシブルな電子書籍として出版することができました。執筆にご協力いただいた皆様，編集・出版にご協力

いただいた皆様に深く感謝するものです。

　障害者サービスは，図書館の基本的なサービスとして，全国すべての図書館が行わなければなりません。そのためには，障害者サービスを担当者任せにせず（担当者がいない図書館は問題外です），すべての職員が通常の業務の1つとして行えるよう，職員の研修とサービスへの理解が必要です。すべての職員に，図書館利用に障害のある利用者への適切な接遇と，障害者サービス用資料と，障害者サービスの具体的方法への理解が求められています。

　この本が，図書館職員，司書を目指す学生，図書館サービスに携わるすべての関係者に，有用であることを願っています。

　さらに，この本で書ききれなかった，より深い障害者サービスの内容や障害者サービスの事例などは，各図書館のホームページや図書館関係雑誌などにも多く掲載されています。そして，新たな障害者サービスに関する動きは，セミナーや研修会はもちろん，関連するウェブサイト，TwitterやFacebookなどのSNS，日本図書館協会障害者サービス委員会のウェブサイトなどからも入手することができます。それらも積極的に活用していただき，さらなる発展にご尽力いただければ幸いです。

2018年7月1日
日本図書館協会障害者サービス委員会

※　補訂版のアクセシブルなEPUB版は，紙媒体の印刷・製本にあたった㈱丸井工文社が作成しました。

事項索引

●アルファベット順

●五十音順

【あ行】

【か行】

●執筆者一覧

安藤　一博（あんどう　かずひろ）　国立国会図書館

飯田　貴子（いいだ　たかこ）　元 筑波技術大学附属図書館

石井　みどり（いしい　みどり）　元 横浜市立盲特別支援学校

石井　保志（いしい　やすし）　東京医科歯科大学図書館

井上　芳郎（いのうえ　よしろう）　埼玉県立坂戸西高等学校

大川　和彦（おおかわ　かずひこ）　千葉市中央図書館

太田　順子（おおた　じゅんこ）　大道中央病院

太田　千亜生（おおた　ちあき）　墨田区立ひきふね図書館

大塚　強（おおつか　つよし）　名古屋市鶴舞中央図書館

大宮　祐子（おおみや　さちこ）　元 浦安市立図書館

大村　恭子（おおむら　きょうこ）　田原市中央図書館

岡室　公平（おかむろ　こうへい）　枚方市立中央図書館

小川　久美子（おがわ　くみこ）　八王子市中央図書館

小野　康二（おの　こうじ）　熊本県聴覚障害者情報提供センター

＊小原　亜実子（おはら　あみこ）　横浜市中央図書館

河村　宏（かわむら　ひろし）　支援技術開発機構

蔵本　紗希（くらもと　さき）　東京大学先端科学技術研究センター AccessReading 事務局

児島　陽子（こじま　ようこ）　鳥取県立白兎養護学校

小林　冨士夫（こばやし　ふじお）　日本図書館協会障害者サービス委員会

齊藤　めぐみ（さいとう　めぐみ）　東京都立大塚ろう学校

齊藤　禮子（さいとう　れいこ）　埼玉県立図書館音訳者

＊佐藤　聖一（さとう　せいいち）　埼玉県立久喜図書館

佐藤　涼子（さとう　りょうこ）　児童図書館研究会

澤村　潤一郎（さわむら　じゅんいちろう）　日本点字図書館

＊椎原　綾子（しいはら　あやこ）　目黒区立八雲中央図書館

品川　尚子（しながわ　ひさこ）　東京都立大塚ろう学校

杉田　正幸（すぎた　まさゆき）　大阪府立中央図書館

杉山　雅章（すぎやま　まさあき）　日本点字図書館

鈴木　小夜子（すずき　さよこ）　川越市立中央図書館

返田　玲子（そりた　れいこ）　調布市立中央図書館

鶴巻　拓磨（つるまき　たくま）　川越市立高階図書館

＊冨澤　亨子（とみざわ　りょうこ）　筑波大学附属視覚特別支援
　学校

中山　玲子（なかやま　れいこ）　日野市立図書館

成松　一郎（なりまつ　いちろう）　有限会社読書工房

＊新山　順子（にいやま　じゅんこ）　相模女子大学

野口　武悟（のぐち　たけのり）　専修大学

野村　美佐子（のむら　みさこ）　日本障害者リハビリテーショ
　ン協会

早川　代志子（はやかわ　よしこ）　聴力障害者情報文化センタ
　ー

林田　茂（はやしだ　しげる）　日本ライトハウス

原田　敦史（はらた　あつし）　堺市立健康福祉プラザ視覚・聴
　覚障害者センター

日置　将之（ひおき　まさゆき）　大阪府立中央図書館

東　泰江（ひがし　やすえ）　大阪市立中央図書館

平田　泰子（ひらた　やすこ）　日本図書館協会多文化サービ
　ス委員会

平塚　千穂子（ひらつか　ちほこ）　バリアフリー映画鑑賞推進

◆JLA図書館実践シリーズ　37

図書館利用に障害のある人々へのサービス
上巻　利用者・資料・サービス編　補訂版

2018年8月10日　　初版第1刷発行©
2021年11月30日　　補訂版第1刷発行

定価：本体1800円（税別）

編　者：日本図書館協会障害者サービス委員会
発行者：公益社団法人　日本図書館協会
　　　　〒104-0033　東京都中央区新川1-11-14
　　　　Tel 03-3523-0811㈹　Fax 03-3523-0841
デザイン：笠井亞子
印刷所：㈱丸井工文社
Printed in Japan
JLA202115　　ISBN978-4-8204-2107-8
本文の用紙は中性紙を使用しています。

JLA 図書館実践シリーズ　刊行にあたって

　日本図書館協会出版委員会が「図書館員選書」を企画して 20 年あまりが経過した。図書館学研究の入門と図書館現場での実践の手引きとして，図書館関係者の座右の書を目指して刊行されてきた。

　しかし，新世紀を迎え数年を経た現在，本格的な情報化社会の到来をはじめとして，大きく社会が変化するとともに，図書館に求められるサービスも新たな展開を必要としている。市民の求める新たな要求に対応していくために，従来の枠に納まらない新たな理論構築と，先進的な図書館の実践成果を踏まえた，利用者と図書館員のための出版物が待たれている。

　そこで，新シリーズとして，「JLA 図書館実践シリーズ」をスタートさせることとなった。図書館の発展と変化する時代に即応しつつ，図書館をより一層市民のものとしていくためのシリーズ企画であり，図書館にかかわり意欲的に研究，実践を積み重ねている人々の力が出版事業に生かされることを望みたい。

　また，新世紀の図書館学への導入の書として，一般利用者の図書館利用に資する書として，図書館員の仕事の創意や疑問に答えうる書として，図書館にかかわる内外の人々に支持されていくことを切望するものである。

2004 年 7 月 20 日

日本図書館協会出版委員会

委員長　松島　茂

図書館員と図書館を知りたい人たちのための新シリーズ！

JLA 図書館実践シリーズ 既刊40冊，好評発売中

Japan Library Association